# 「反射力」

早く失敗してうまくいく人の習慣

Reflection

The habits of persons who always learn aptly from failure.

中谷彰宏 著



日本経済新聞出版社

この本は、3人のために書きました。

①「言われたことしかやらない」と叱られている人。

②「よくわかったね」と言われチャンスをつかみたい人。

③「言ったこと以上」をやれるように部下を育てたい上司。

# 1 「どこで調べればいいんですか」と、聞かない。

運を開く勝負のキーワードは、「反射力」です。

夢を実現できるかどうかは、能力で決まるのではありません。

「自分には能力がないから」「才能がないから」「運が悪いから」という言い方は間違いです。

夢を実現する人は反射力があるのです。

**「反射力」とは、言われたらすぐできることです。**

**こうと思ったらすぐ動けることです。**

とにかくすぐ反射的に行動できるかどうかです。

考えて何かをするということではありません。

これですべて勝負が決まります。

伸びる新入社員は反射力のある人です。

## 1 どこで調べるかから、自分で調べる。

たとえば「○○を調べてこい」と上司から頼まれます。

その時に「エッ、どこで調べればいいんですか」と言う人には、「おまえには頼まない」となります。

聞き返す時点で、その人は反射力がないということです。

どこで調べるのかを調べるところからが仕事です。


スポーツは全部反射力です。

バスケットの勝負も反射力です。

監督にいちいち聞いているヒマはありません。

ボールを持って「監督、誰にパスすればいいんですか」と聞くことはありえないのです。

それなのに、仕事や日常生活においてはほとんどの人が聞いているのです。

# 「反射力」を磨く具体例67

1
どこで調べるかから、
自分で調べる。

2
一番に手を挙げて、
発言する。

3
上手に歌うより、
一番先に歌おう。

4
メニューを決める時、
一番先に言う。

5
まず、くだらない企画を、3つ出す。

6
間違っていいから、
答えを即言う。

7
間違うことを楽しむ。

「反射力」
早く失敗してうまくいく人の習慣
中谷彰宏

8
すぐ試作品をつくる。

9
推敲は、あとでする。

10
失敗のスピードを、速くする。

11
修正を、恐れない。

12
先走る。

13
失敗を、許す。

14
結果を、味わわない。

15
言いわけしない。

16
考えずに、感じる。

17
好き嫌いを持つ。

18
よけいなことを考えないうちに動く。

19
急がなくてもいいように、早く家を出る。

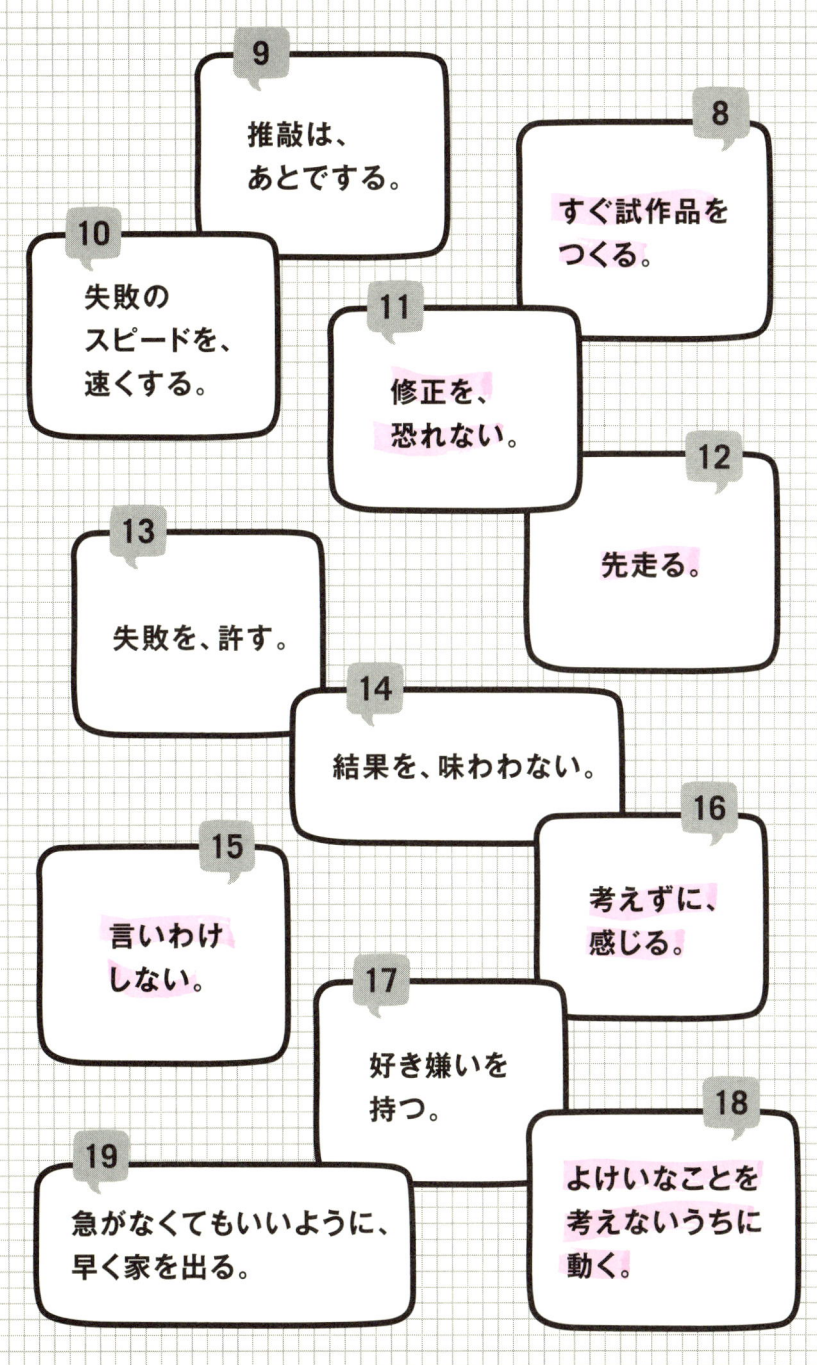

20
モチベーションに、
頼らない。

21
気持ちを、
切りかえる。

22
「エーッ」と
言わない。

23
落ち込む前に、
動く。

24
悪口を、言わない。

25
議論しない。

26
「わかりません」
より、とにかく
何か言う。

27
接続詞を、
はさまない。

28
「パス」しない。

29
具体的に、行動する。

30
質問を、
予測して聞く。

31
リアクションを
すぐする。

32
メールは、届いた時に
ひと言で返事をする。

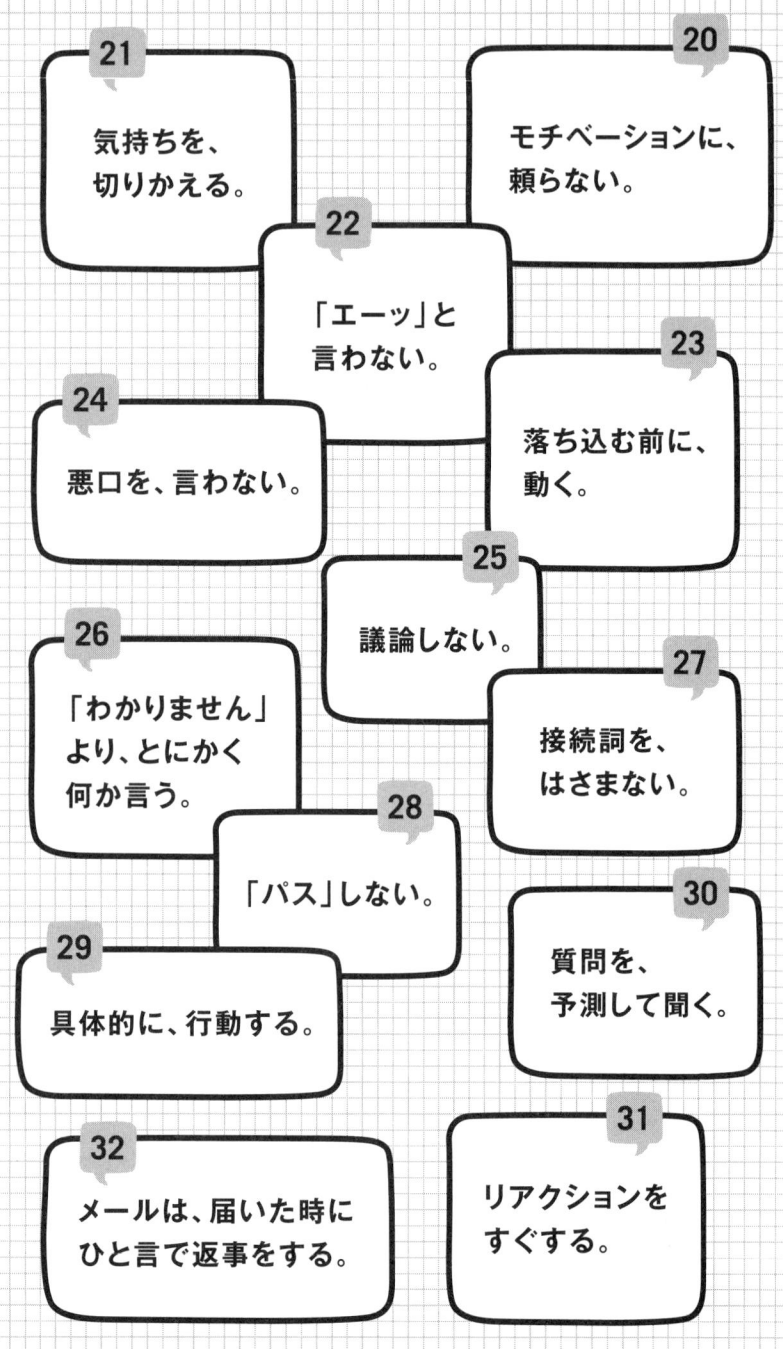

33
「自分の番だ」と
いうことに
気づく。

34
相手に、割り込ませる。

35
文字に、
頼らない。

36
返事しにくい
ところから、
返事する。

37
アポは、今日を
優先する。

38
考えをまとめてから
話さない。

39
短いお礼を
すぐする。

40
「あとで調べておく」を
禁句にする。

41
汚れる前に、
拭く。

42
「片づける
スピード」を
上げる。

43
今度することを、
今する。

44
大事な話こそ、
立ち話で。

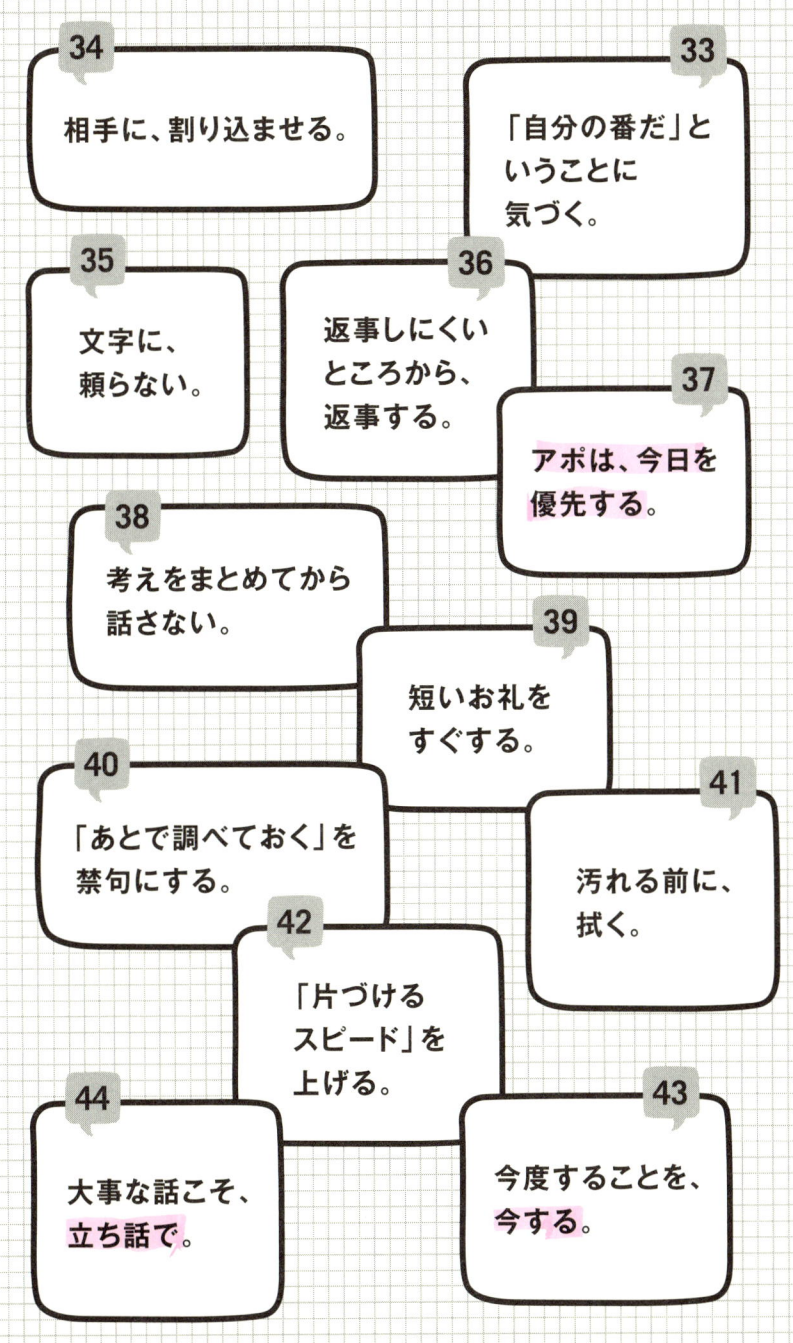

45
まず、第1報を
入れる。

46
方向を
示す。

47
1日3回、
変化する。

48
まず1つ、改善する。

49
忙しい時に、改善する。

50
「次回から」を
「今回から」へ。

51
箱の一番上の
くじを引く。

52
用意周到に
しない。

53
名刺を、相手
より早く出す。

54
着がえの
スピードを速く
する。

55
余韻を、
引きずらない。

56
初球から、
打っていく。

57
遠慮しない。

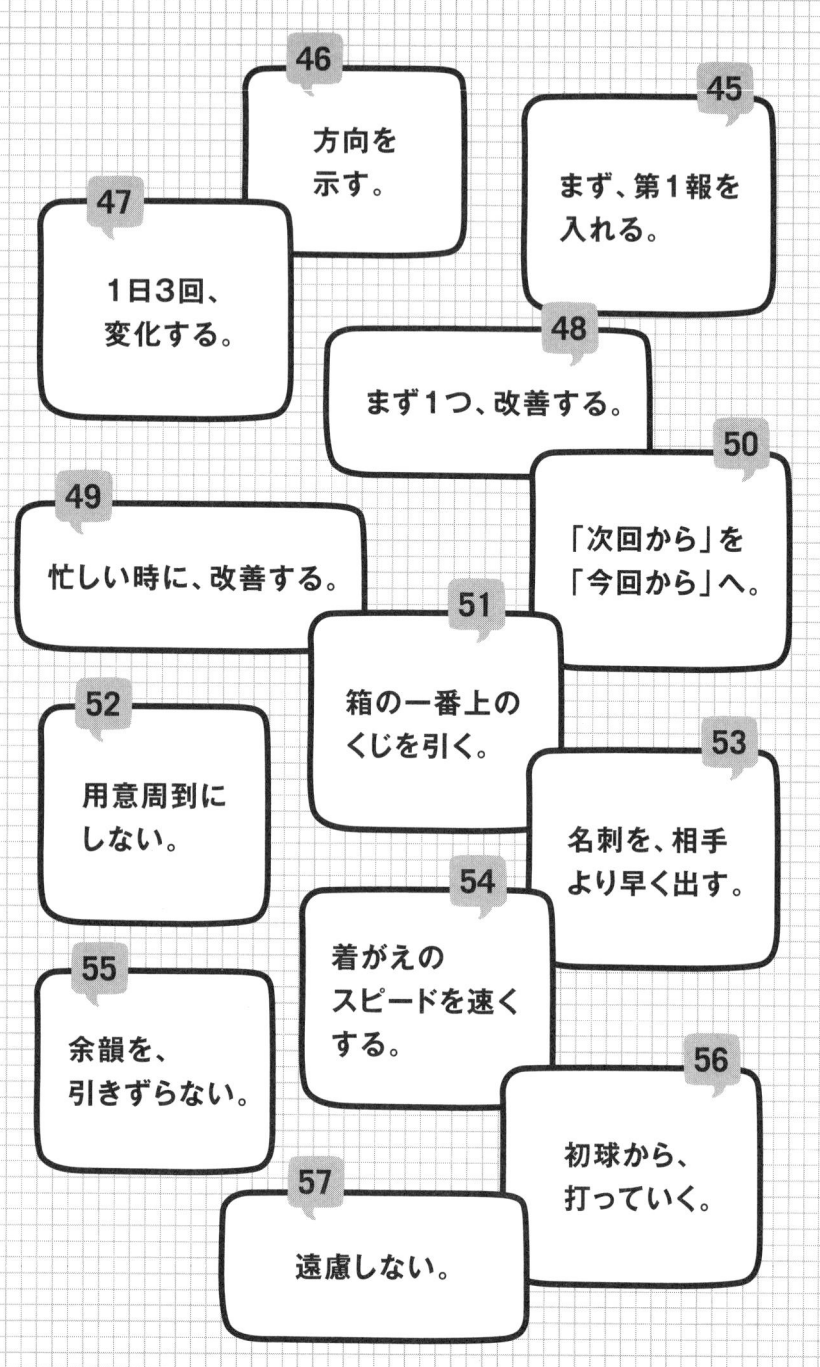

58
自分から、
先に名乗る。

59
「1秒遅れたら、
一生間に合わない」
と覚悟する。

60
守備範囲を
広げる。

61
常に、今やっていることを
「もっと早くできないか」と
考える。

62
準備は、
捨てるためにする。

63
準備のない
本番を
体験する。

64
歩くスピードを、
速くする。

65
お客様の
スピードに
負けない。

66
情報を、共有する。

67
悩む前に
する。

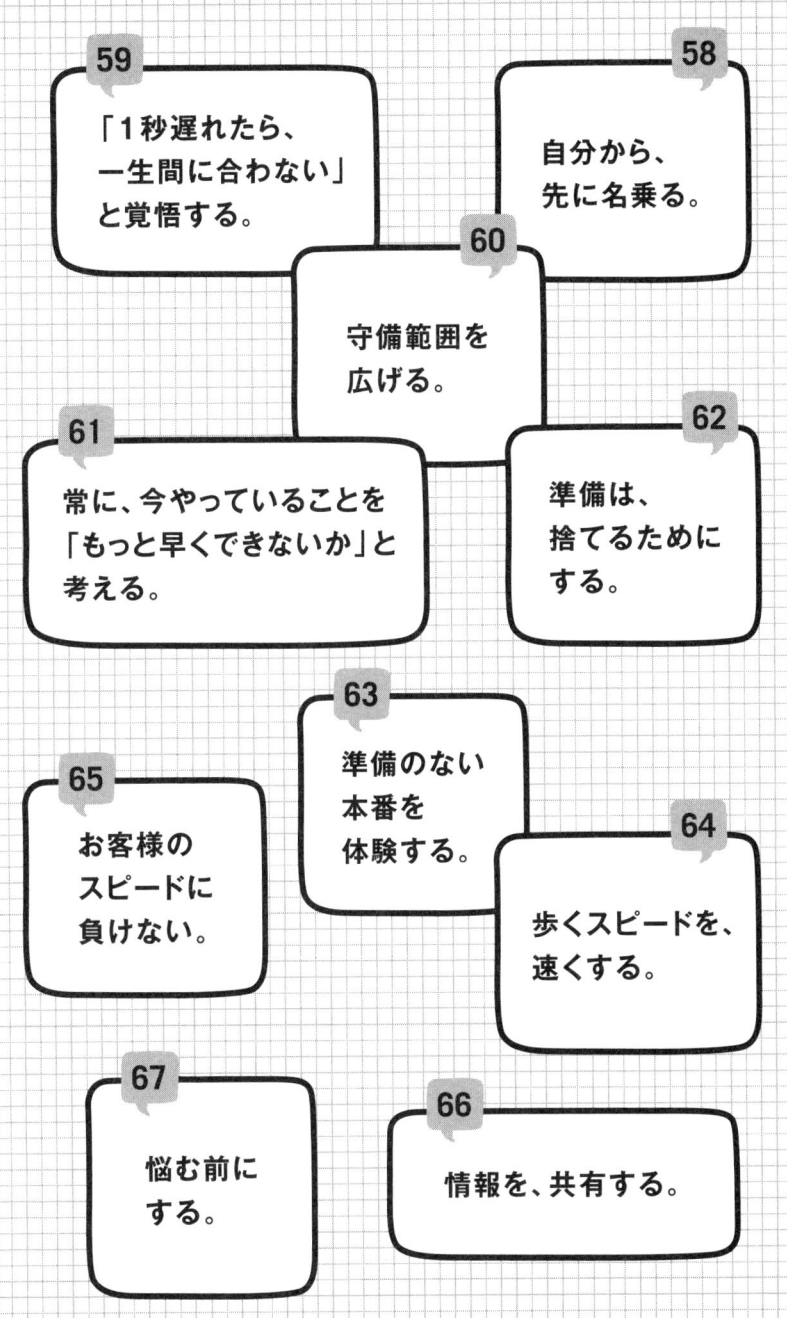

「反射力」

早く失敗して
うまくいく人の習慣

CONTENTS

まえがき



# 1章 一番に失敗する人が、うまくいく。

# 2章 「反射力」で、気持ちがラクになる。

# 3章 能力でなく、リアクションで差がつく。

# 4章 後回しにしたいことを、後回しにしない。

## 5章

# 「反射力」で、チャンスをつかむ。

「反射力」
早く失敗してうまくいく人の習慣
中谷彰宏

# 1章

# 一番に失敗する人が、うまくいく。

2

# 二番目に質問する人は、覚えてもらえない。

講演会では、ただ話を聞きに行くだけではなく、先生に自分を覚えてもらうのがベストです。

講演する側が一番覚えやすいのは、一番に質問する人です。

たいてい一番に質問する人は、なかなかいい質問をします。

終わりの時間が近づいて「じゃ、これで」と話を締めようとしているのに、質問をする人がいます。

「ちょっとすみません、3つだけ質問いいですか」と言いますが、その質問はグダグダになっています。

まわりの人からは「あいつは何が聞きたいんだ」と思われます。

本人はいい質問だと思っています。

終了間際にする質問にいい質問はありません。

そういう人は反射力がないということです。

たとえば、会議で「みんな、なんかアイデアない？」と聞かれた時は、一番に手を挙げてくだらないことを言います。

これが反射力のある人です。

こういう人が伸びていくのです。

## 2 一番に手を挙げて、発言する。

3

# カラオケは、一番先に歌う。

カラオケに行った時に一番最初に歌えるのが、伸びていく人です。

「お先にどうぞ」と言っている人はまず出世できません。

チャンスもつかめません。

歌がうまいかヘタかではありません。

最初に歌う人は、上手ではありません。

ただし、さわやかなヘタさです。

あとから歌う人は、イヤミなうまさです。

友達が増えるのは、さわやかにヘタな人です。

カラオケボックスに入ってきて、座らないでマイクを持って立ち、いきなり曲を入れる人です。

みんながウーロン茶などを頼んでいる間

に、いきなり立ってアカペラで歌い始めているぐらいの勢いが必要です。

これが反射力のある人です。

昔、カラオケボックスではなかった時代がありました。

私がちょうど20代の終わりごろにカラオケボックスはできました。

それまではスナックで、リクエストカードを書いてみんなで歌う形式でした。

その時、一緒に行ったある芸人さんは、誰かがリクエストした曲のイントロが流れた時に歌い始めていました。

自分のリクエストカードはまだ出していません。

芸人さんなら「どうぞどうぞ、自分は芸人だからシロウトさんの前ではいいです」と言ってやらないのが普通です。

それなのに、売れている芸人さんが、誰かがリクエストした曲を歌い始めたので「この人、感じいいわ」と思いました。

カラオケで「お先にどうぞ、うまくないですから」と遠慮している人は一番感じが悪いです。

私はサラリーマン時代に、「中谷、先に歌え」と言われて鍛えられました。

とにかく先輩より先に歌わなければならないのです。

先輩は持ち歌が決まっています。

兄弟子が歌う前に、自分が前座として歌います。

最初のうちは、サビの時に「ウーロン茶を持ってきました」と飲み物が届いたりします。

先輩や上司やお客様が歌っている時にこうならないように、まず前座で場を温めます。

いろいろオーダーしてバタバタしている間に、まず1曲目が歌えるのが反射力です。

その時に、歌本をめくって「すみません、あるかどうかちょっと探してます」と言う人がいます。

今はどんな曲でも入っています。

「新しいのあるかな」と言っても、どうせ新しい曲は知らないのです。

「えーと、何歌おうかな」と言ってさんざん待たせる人は、いつも同じ歌を歌います。

それしか歌わないのだから、探す必要などないのです。

歌本があった時代には、そのページに指をはさみます。

歌本をめくりながら、五十音の「ア」から探したらなかなか決まりません。

一番最初に歌う人は、とにかくさわやかです。

ヘタだと、みんなが歌いやすくなり、場の空気ができ上がります。

**反射力のいいところは、その人が場の空気をつくれることです。**

日常生活の習慣として、「自分が一番最初に歌う」と決めておくことです。

時々イントロがかかっているのに誰も歌わないことがあります。

誰かが予約番号を間違えたのです。

「これ、誰？」となった時は、知らない歌でも自分が出て歌うことです。

それぐらいのフットワークが大切なのです。

## 3 上手に歌うより、一番先に歌おう。

4

# メニューを一番先に言うことが、気配りになる。

運をつかまえる人は、レストランに入った時にメニューを一番先に頼みます。

「え、みんなは何にするの」「そっちは何にするの」と聞いてなかなか決められない人は、反射力のない人です。

仲間5人で中華料理屋さんに行って、なかなか決められない人がいます。

中華料理はそんなにバリエーションがありません。

「うわあ、いっぱいあるな。何にするの」と、たくさんあるように思えますが、中華料理はよく見るとそんなにないのです。

しかも、そういう人は悩んだわりに、「じゃあ、チャーハンにするか」と大体同じモノを頼みます。

レストランに入った時は、一番先に頼む習慣をつけることです。

それですべてのリズムが変わります。

**反射力をつけるということは、生きるリズムが変わるということです。**

お店に入って、壁に張ってあるメニューや、誰かが食べている料理で目に入ったものをポンと頼める人は、当たりくじを引く確率が高くなるのです。

## 4 メニューを決める時、一番先に言う。

# 5 くだらないアイデアを出せる人が、いいアイデアを出せる。

会議に呼ばれて意見を求められた時、一番に手を挙げる人は、その日のテーマによって変わりません。

いつも同じ人です。

いつも一番に手を挙げてくだらない意見を言って、「アホなこと言ってるな」と言われる係が必要なのです。

そうすると、あとが出やすくなります。

「だったらこれ」と、3つ続けてくだらない意見を言える人が伸びるのです。

サッカーの試合なら、始まって1分でとりあえずシュートを1本打っておくことです。

「こんなところからロングシュートを打ってくるのか」と思わせることで、流れが変わります。

相手のフォーメーションが変わってくるのです。

これが反射力です。

アイデア出しの会議でいい意見を言った人が、次回からプロジェクトチームに入れてもらえるという考えは勘違いです。

そういう人は必要とされません。

最初にいい意見を出されると、あとが出しにくくなります。

「おまえがポンポンと最初にくだらない意見を言ってくれるから、あとからアイデアが出しやすい」と言われる人が必要とされるのです。

**アイデアというのは、くだらない意見の中にヒットするものが隠れています。**

くだらないアイデアを出しやすい空気をつくれることが大切なのです。

## 5 まず、くだらない企画を、3つ出す。

6

# ゆっくり考えても、正解にはたどり着かない。

将棋会館に、まだプロになる前の少年棋士たちが入っている奨励会というのがあります。

ここのルールは早指しです。

早指しをしていかないと感覚は鍛えられません。

ゆっくり考えて正解にたどり着くのではありません。

**大体人間というのは、ゆっくり考えたことが間違ったりします。**

これは受験時代にマークシートですべて体験しています。

選択式の問題は、最初に浮かんだ答えを書きかえたものはほとんど間違えます。

「あ、やっぱりこっち」と消しゴムで消して書きかえたものが間違えるのは一番痛いです。

最初に浮かんだものが正解です。


私が博報堂に入社すると、社員の英語力を調べるテストがありました。

筆記とヒアリングで、ヒアリングは後半にあります。

全日本ラグビーのキャプテンをやっていたタカダ君は、試験が始まって10分で「全問できた」と言いました。

明治大学出身の4人がかたまって座っていました。

その中のサイトウ君が「エッ、タカダ君、もうできたの？　ヒアリングまだじゃん」と言いました。

テストは1000点満点で、解答は4択です。

タカダ君は運動もできて勉強もできる人です。

ところが、問題を読んでいないのです。

「勘だよ、勘」と言って、結果的に250点とりました。

500点とれば勘がいいと言えます。

250点は、決して勘がいいわけではありません。
でも、こういう人は仕事ができるのです。
もう1人、問題を一生懸命考えた男性は165点でした。
4分の1の確率で250点、真剣に考えて165点、これが人生です。

なまじっか知っているというのはよけい混乱が起こります。
中途はんぱな知識に頼ろうとすると、動物的な感覚がなくなります。
街でカツ上げにあったから空手部に入るというのが、大阪の人の動機です。
それがキッカケでも長く続くのです。
空手を習い始めた人は逆にいったん弱くなります。
中途はんぱに習ったことを使おうとするからです。
中途はんぱに知識を使おうとする人は一番弱いのです。
10分で直感で答えても250点はとれます。
時間いっぱい使って考えても165点です。

ダメージとして大きいのは、書き直して間違うことです。

何も考えないでエイッと選んで間違えてもショックではありません。

「最初ここ書いていたんです。消しゴムで消した跡あるでしょう」といくら見せても

ダメです。

**反射力のない人は、選択式に弱いのです。**

## 6 間違っていいから、答えを即言う。

7

# 間違えることが、クリエイティブになる。

反射力のない人は、間違えることを恐れます。
実際は間違えることは楽しいのです。
間違えることを気にしないのではありません。
間違えるとウケがとれます。
間違えることはクリエイティビティーです。
**間違えることを恐れないことです。**
**一歩進んで、間違えることを楽しめばいいのです。**

私は博報堂時代に「コピーを３００本書いてこい」と言われました。
これがいいとか悪いとか、ウケるかウケな

いかと考えていたら、一晩で３００本は書けません。

バーッと書いていると、頭がもうろうとしてきます。

書き間違いもたくさん起こります。

それが「これ、面白いじゃん」と残ったりします。

書き間違いだから面白いのです。

書き間違いは、わざとはできません。

わざと書き間違えるのはイヤらしいです。


速く書くと力が抜けます。

習字は速く書いたほうがうまくなります。

絵も同じです。

速く書くと、人からどう見られるか気になりません。

こんなことを言うと人はどう思うだろうか、ヘンな人だと思われないかと、まわりの人たちを常に気にしていると、速く書くことはできません。

発言することもできなくなります。

「ここでカニチャーハンを頼んだらまわりはなんて思うだろう」と注文を恥ずかしがる人がいます。

これで注文が遅れるのです。

まわりからどう見られるかは気にしなくていいのです。

気にしていると、チャンスをつかめなくなります。

正しいか間違っているかも気にしないことです。

**間違えることも正しいのです。**

だから、最初にヘンな答えを書いておいたほうがいいのです。

ヘンな答えを書いておくと、そこで力が抜けます。

「あいつはいつもヘンなことを言っているヤツだ」とみんなに認めてもらえます。

まわりが笑ってくれるのは、ウケがとれたということです。

ツッコまれることはおいしいのです。

## 7 間違うことを楽しむ。

8

# プロとアマの違いは、すぐできるかどうかだ。

反射力のない人は、最初から正しいやり方をしようとします。

最初は間違っていても、結果として正しいやり方になればいいのです。

初めての人に話しかける時に、最初から正しいやり方を選ぼうとすると、スッと入れません。

最初から正しいやり方だとしたら、すでに遅いのです。

最初から100％正しいやり方はありません。

それを修正していけばいいのです。

最初から正しいやり方をしようとすると、時間がかかり出遅れて、結果としてダメなやり方になるのです。

**仕事・人間関係・勉強・恋愛においても、最初からベストを目指そうとすると、結果として何もできなくなります。**

最初から完成品はありえないし、最初から清書もありえないのです。

プロの絵描きは、描くのが速いです。

まず描き始めてしまいます。

ところが、シロウトは完成品を描こうとして、いつまでも描けないのです。

文章も、完成した文章を最初から書こうとすると、1行も書けません。

すぐやり出せるかどうかの違いなのです。

## 8 すぐ試作品をつくる。

9

# 書きながら、推敲しない。

**反射力はレシーブする力です。**

**ついアタックをしようとしますが、アタックよりレシーブで勝負が決まるのです。**

自分から何かをすることではなく、リアクションです。

反射力は、相手が何か言ったことにリアクションすることです。

会話のヘタな人は、面白いことを考えて言おうとします。

それを考えているから、相手が面白いことを言った時に笑えないのです。

文章を書くのも、反射力のある人とない人とで分かれます。

「短いレポートでも、文章を書くのが苦手なんです」と言う人は反射力のない人です。

こういう人は、まじめなのです。
まじめな人は、1行書いては文章を推敲します。
2行目を書くと、また1行目まで戻って推敲します。
3行目を書いても、また1行目から推敲します。
文章は流れで書くものです。
1行ごとに連想されて次が出てきます。
戻っていると、せっかくいいアイデアを思いついても忘れます。
アイデアと書くスピードでは、圧倒的に思いつくスピードのほうが速いです。
文章を削ったり、きれいにするのはあとでいいのです。
とにかくダーッと書くことです。
これが連想する力になります。

中谷塾で連想ゲームをやることがあります。
ある単語から思いつく単語を30秒でどれぐらい書けるかというゲームです。
バナナのお題を出した時に、「チンパンジー、ゴリラ、オラウータン」でとまった人がいました。
「あ、オラウータンはバナナ食べたっけ」と考えてしまったのです。
そんなことはあとで直せばいいのです。
そこでとまってしまうと、頭がまわらなくなります。
**途中で自己否定や自己チェックをしないことです。**
**これをやると、脳にブロックがかかってとまってしまうのです。**

## 9 推敲は、あとでする。

10

# 人より先に、失敗する。

占い師さんに「あなたは大器晩成で、80歳でモテモテ」と言われても困ります。

同じ実現するなら、夢は早く実現したほうがいいのです。

早く夢を実現するために早く成功しようと考える人は、早く正解に行こうとしています。

これは間違いです。

早く夢を実現するためには、人より早く失敗することです。

早く失敗することで、早く修正できるのです。

いかに早く失敗するかです。

中谷塾は失敗を体験する場所にしています。

「やってみたい人、手を挙げて」と言われた時に、「正解が思いつかないから」とためらっていると、結果としてそれが本番でやってきます。

だから、ここで失敗しておかなければなりません。

あらゆる習い事も仕事も同じです。

早く失敗した人が早く売れています。

20代で会社を起こして莫大なお金持ちになった人は、10代で失敗しています。

ところが、アウトプットの成功した形だけを見て、「あんなふうに早く成功しよう」と勘違いするのです。

失敗している部分を見ることが大切です。

**トライせずに失敗していない人が、先に成功だけしようとしてもできないのです。**

早く失敗すれば、自動的に早く成功できます。

直していけるからです。

いかに人より早く失敗できるかが、反射力なのです。

## 10 失敗のスピードを、速くする。

11

# 早く行動して、早く修正する。

いいものをつくり上げるには、キャッチボールを増やすことが大切です。

**キャッチボールを増やすことで、修正がたくさんできるのです。**

「締め切り1週間で」と言われた時に、1週間後にクライアントにA・B・C案を持っていったら、その中でどれか1個を選ばれて終わりです。

ところが、とりあえず翌日持っていくと、「いいね。ここのところをもうちょっとこうならないかな」「じゃ、明日また直してきます」ということで、残り時間から考えると3回直せるのです。

3回直せるほうが、1回出して終わりのも

のよりも、いいものができ上がります。
早く持っていけば、早く修正することができます。
自分もクライアントも、両者納得できるものができ上がるのです。

## 11 修正を、恐れない。

12

# 「先走る」は、ネガティブな言葉ではない。

「すみません、先走ってしまいました」と言われることがあります。

「先走る」は、一見ネガティブな言葉です。

「先走る」はネガティブな言葉ではありません。

「すみません、先走ったことをしてしまいました」と謝りながら、先走らなければならないのです。

上司が「先走ったことをするな」と言う時は、実は怒っていません。

「先走ったことをするな」と怒られるぐらいでいいのです。

先走るのはむずかしいのです。

ヤル気がなければ先走れません。

「先走って勝手なことをしてすみませんでした」と謝る人が伸びていきます。

## 12 先走る。

13

# 失敗を許すことで、スピードが上がる。

トライをすると、必ず失敗もあります。

「ダメモト」と言いながら、「ほら見てみろ。やっぱり手がたくいかないと」という話に戻っていきます。

こうなったら、反射力はとまります。


最もやってはいけないことは、失敗した時に責任者探しをすることです。

会社の中で軍法会議が始まると、中間管理職は必ず「私は聞いてませんでした」と逃げて、イヤな空気になります。

一番頑張ってきた人間が、「あいつが悪い。言い出しっぺはあいつだ」と言われるのです。

魔女狩りのようなものです。

この時間が最もムダなのです。

サッカーのワールドカップで、独裁政権の国のチームが負けたとします。罰として半年間強制労働させられたら、よけい弱くなります。本当は、その間に練習しておかなければなりません。そんなことをしている会社がたくさんあるのです。

反射力で最も時間が節約できるのは、許すことです。トライしてうまくいかなかった時に、その失敗を許すことが、最も時間という資源の節約になるのです。自分1人の問題でも、ムカムカしている気持ちは、エネルギーのロス、時間のムダになります。

社長はこのムダが多いのです。怒ってもいいですが、1分でやめてください。それ以上は時間のムダになるし、自分も疲れるのです。

許すことで、次に取りかかれます。

部下のストレスも、自分自身のストレスも節約できます。

社長をやっている人は、「自分に厳しく、人に厳しい」という中で、叩き上げで会社を立ち上げてきました。

だから、なかなか許すことができません。

甘やかすことに何か罪悪感を覚えます。


許すことは決して悪いことではありません。

**許すことは積極的な経営です。**

許すことによって、またトライするエネルギーが湧いてくるのです。

失敗しても社長が許してくれたら、会社の士気は上がります。

「あの社長は、トライしてうまくいかなくても、『今度はこの景気を生かしてうまくやれ』と、ちゃんと認めてくれる」と思えば、会社の士気はどんどん上がっていくのです。

1人の失敗で100人の士気が上がったら、こんな大儲けはありません。

1人の成功でほめられるのは当たり前です。

これで100人の士気が上がるわけではありません。

1人がトライして失敗したことを許してもらったら、社員100人の士気が上がります。

失敗を通して、士気を上げるチャンスが生まれるのです。

## 13 失敗を、許す。

# 2章

# 「反射力」で、気持ちがラクになる。

14

# ゴール型のゲームでは、点を入れられた直後がチャンス。

サッカーで言うと、世界のトップレベルと二流との違いは、セカンドボールをとれるかどうかです。

セカンドボールは、シュートを打ってリバウンドしたボール、パスしてこぼれたボールです。

シュートは1回では決まりません。

バスケットで強いチームは、ゴールからそれた相手ボールをすぐとって得点を入れます。

テニスはネット型で、こちら側と向こう側に分かれています。

野球はベース型です。

サッカーやバスケットはゴール型です。

ゴール型ゲームで最もドキドキするのは、

攻撃と守りが一瞬で入れかわるところです。

ゴールを決めた瞬間から、次は守りになります。

野球はチェンジになるまで攻撃と守りはかわりません。

テニスはサーブの間《ま》がとれます。

バスケットやサッカーにはサーブの間はありません。

ゴールを決められたら、すぐ攻撃と守りが入れかわって始まります。

人生も同じです。

点を入れられたからといって落ち込んでいるヒマはありません。

点を入れても喜んでいるヒマはありません。

サッカーでも選手のガッツポーズ姿がＴＶで映っていますが、実際は、試合はすぐ動いています。

仕事がうまくいかない時は落ち込み、うまくいけば有頂天になるなど、一喜一憂している人は反射力がありません。

うまくいかないことのほうが多いのです。

自分たちが点を入れられた瞬間から攻撃にかわります。

そのチャンスを逃さないことです。

点を入れられた直後は一番点を入れやすいチャンスです。

悔しがっている場合ではありません。

ゴールキーパーがボーンと蹴ったボールがそのままゴールに入ることもあります。

人生でも同じようなことがたくさん起こるのです。

**負けるパターンは、ゴールを決められてへこんだ場合です。**

落ち込んでうつむいている間に、かさになって攻撃されます。

入れた側がウワーッとどんどんゴールします。

ハットトリックをされたり、6点、7点の大量得点をされる時はそういう状態です。

スポーツの展開がどんどん早くなっているのは、選手の反射力が見ている人にとって快感だからです。

## 14 結果を、味わわない。

15

# 反射力のある人は、言いわけにムダな時間を使わない。

**反射力は、行動力です。**

なんの解説も言いわけも要りません。

反射力のない人は言いわけが長いです。

たとえば、デートの待ち合わせに遅れました。

「ごめん、今、出がけに得意先からややこしい電話があって、遅れた理由を3つ言うとするならば……」という言いわけは聞きたくありません。

「寒かったでしょう。すぐあったかいもの食べに行こう」と言うのが反射力のある人です。

なぜ自分が遅れてきたかという理由を、その場所で寒いまま最後まで聞いてもらい納得させようとする人がいます。

相手は寒いところで待っていて体が冷えています。

それなのに、遅れてきた理由を10分も聞かされるのは苦痛です。

男性がよくやりがちな間違いです。

自分が遅れてきたことを正当化することによって、相手は許してくれると思っているのです。

それでは、女性はよけい許しません。


これは、お客様に対しても同じです。

お店で間違った料理を出された時に、「なぜ間違ったかというと、お客様が途中で注文をかえたから」「今日はちょっと料理人が風邪で休んでいるので」という説明を聞いても仕方がありません。

すぐつくり直せばいいのです。

**すぐ対応することが大切です。**

ミスをしたことが怒られるのではありません。

ミスのあと、グズグズ言いわけするから怒られるのです。

## 15
## 言いわけしない。

16

# 理屈で考えずに、感じて動く。

子どもの時にスポーツをするのは、反射力の練習のためです。

スポーツには、言いわけも前置きも抽象論もありません。

常に自分が何かを判断し、仮説を立てて行動し、間違えたらそれをフィードバックして、次は修正するというサイクルを高速回転させるのが反射力です。

体を先に動かすことによって脳は動きます。

脳を動かしてから体を動かしているというのは錯覚です。

人間は体が先に動いているのです。

考えてから動くことはできません。

考えると動かなくなります。

体が先に動いていることを習慣と言います。
体が先に動いていることでないと、いざという時に役立ちません。
たとえば、彼女と道を歩いていました。
車が来たのを見て、彼女に「危ない」と言うだけの人がいます。
彼女をかばうのがまず先です。
「危ない」と言うだけでは、よけいびっくりします。
何が危ないのかわかりません。
この時は、先に助けてから「危ない」です。
その順番の違いは大きいです。

アスリートが「ゾーンに入る」と言います。
「勝手に体が動いていた」というのは正しいのです。
脳はストップをかけているだけです。
**反射力というのは、体の勝手な動きを信じることです。**
よく考えてやろうとする必要はありません。

体は常に考えていません。

体は感じて動いています。

**感じて動いていることが正しいのです。**

くじ引きの箱をかきまわすのは脳がやっています。

これは熱いのかどうか、さわってみて手をひっ込めるという動作は考えてやっていません。

すごく熱いお風呂に入ると、まず出てから「熱ッ」と言います。

「熱ッ」と言ってから出ることはありません。

むしろ、熱いのか、痛いのか、冷たいのかわからないという状況もあります。

本当に冷たい時は痛い感じがします。

物事を常に理屈で考え始めると身体感覚は鈍くなります。

身体感覚に敏感になることが大切なのです。

## 16 考えずに、感じる。

17

# 反射力があると、好き嫌いを表情に出せる。

イヤな人と会うと、イヤだなというのが顔に出てしまうのは反射力です。

顔に出たほうがいいのです。

相手もラクです。

イヤだなと思っても顔に出ない人もいます。

そうなると、相手はイヤがられていることに気づけません。

最終的に「やっぱり○○さんのことはちょっと」と言われた時に、「じゃ、今まであの笑顔はなんだったんだ」と、よけい恨みが大きくなります。

ところが、最初からイヤそうな顔をされれば、これ以上押したらダメだと思って適度なところで引けます。

一番困るのは、イヤなのにお体裁でうれしそうな顔をつくれる人のほうです。好きな人には好きな表情が出ます。

感情が表情に出やすい人と出にくい人がいるのです。

仕事の時でも、表情に出していいのです。

好き嫌いがはっきり出ている人のほうが、まわりの人もつき合いやすいです。

同性同士でも同じです。

苦手な食材があった時に、それを「万が一これでブツブツが出たらどうしよう」とガマンしながら食べられるのは一番イヤです。

お店に入る前に「おすしでいい？」と聞いたのに、帰りに「私ちょっと生魚がイヤだったんです」と言われても困ります。

好き嫌いははっきり出したほうがいいです。

そのほうが好かれます。

嫌いな表情を出せない相手がいても、出したほうがいいです。

そうしないと「喜んでるじゃん、こいつ」と思われてしまいます。

「じゃ、今までのあのうれしそうな表情はなんだったんだ」というのが恨みとして大きくなります。

「期待させるなよ。ちょっとかわいいと思ってよ」というところまでいってしまいます。

最初に誘った時点でちょっと引いていたら、そこまで嫌われることはありません。

**反射力があると、人間関係が円滑に進みます。**

「ヘンな期待させるなよ」と言う人は、勝手に期待しただけです。

期待したほうが悪いのです。

人間関係での好き嫌いはどんどん出したほうがいいのです。

## 17 好き嫌いを持つ。

18

# すぐ動けば、よけいなことを考えずにすむ。

行動がなかなか起こせない人は、「ああやったらどうなるだろう」「こうやったらどうなるだろう」「うまくいくだろうか」「人からこんなふうに言われたらどうしよう」と、よけいなことをいろいろ考えています。

それは、すぐやらないからです。

すぐやれば、よけいなことを考えずにすむのです。

「ちょっと待って。これだけ考えるから」と言っているうちに、よけいなことがどんどん湧いてきます。

受け取ったボールをすぐ渡せば、敵にプレッシャーをかけられないですみます。

ボールを持って、誰に渡そう、誰に渡そう

と迷っているから、まわりに敵が集まってくるのです。

一拍でも間《ま》をあけて考えた瞬間に、邪念の塊になってしまいます。

**最も邪念がないのは、邪念が湧く前、恐怖心が湧く前に、すぐやることです。**


スカイダイビングを飛ぶコツは、「1、2」で飛ぶことです。

「3」と言うと、お尻が下がってしまいます。

スカイダイビングは、「1、2、3」では飛べないのです。

高いところから落ちていくのですから、勇気が要ります。

しかも、「思い切り飛ばないと尾翼に当たるよ」と言われます。

飛行機の中には、上にレールのようなものがあって、そこに輪っかがかかっていて、ひもがついています。

レールのあいているところから輪っかをはずされます。

「レッツ」と言われて、ボンと落とされるのです。

バンジージャンプも、1回踏みとどまったら、あとは怖くてできません。

恐怖は、時間がたてばたつほど大きくなります。

恐怖心が湧く前にやってしまうことです。


写真を撮るのがうまい人は、シャッターを押すのが早いのです。

いい写真を撮ろうとして構図を探しているうちに、みんなの顔が固まります。

いい写真は、すぐに撮った写真です。

どんなに構図的にヘンでも、人と人がかぶっていたとしても、端っこで切れている人がいても、そのほうが自然でいい写真です。

カメラを渡されたら、とにかく早く押します。

それでなくても、ケータイのカメラやデジカメは、シャッターを押してから反応するまでに時間がかかります。

瞬間瞬間で顔が固まっていくので、すぐ押すのが一番いいのです。

## 18 よけいなことを考えないうちに動く。

19

# 反射力のある人は、早口にならない。

コミュニケーションにおいて、反射力のある人とない人とに分かれます。

早口の人は、反射力のない人です。

反射力がないと、立ち上がりが遅くなります。

遅くなった分を取り返さないといけないので、早口になるのです。

反射力のある人は、答え始めが早いから、ゆっくり話せます。

それだけ尺が長いので時間が持てるのです。

相手に何か聞かれた時に、言葉の出始めの遅い人は、考える時間に半分ぐらい使うので、残り半分で話さなければなりません。

すぐに話し始める人と比べると、倍のス

ピードで話すことになるのです。

早口の人は頭の回転が速く、ゆったり話す人は回転が遅いと思いがちです。

実は、逆です。

早口で話している人は、中身に論理性がありません。

同じ言葉を反復してムダな言葉が多いので、何を言っているかわからないのです。

それは早口だからではありません。

話し始めが遅いから、頭がまとまらずバタバタしているのです。

バタバタしている人は、動き始めの遅い人です。


待ち合わせの時に走っている人は、家を出るのが遅いのです。

「私はいつも遅れているので、今度から気をつけます」と言うので、「どうするの」と聞いたら、「もっと急ぎます」と言うのです。

それは違います。

出る時間を早くすればいいだけです。

急がなくてもいいようにするのです。

「急ぎます」というのは、逆です。

**速く歩くよりも、早く家を出ることです。**

**これが反射力です。**

歩くのが遅い人、家が遠い人は、早く出ればいいだけなのに、「私は歩くのが遅いから遅刻した」と開き直っているのです。

## 19 急がなくてもいいように、早く家を出る。

20

# モチベーションに頼らず、自動化していく。

反射力はヤル気と連動しています。

反射力を強くするためには、ヤル気を上げるにはどうしたらいいかと考えます。

実は、これは勘違いです。

「急ぎます」と言うのと同じです。

「急ぎます」ではなく、急がないでもいいように家を早く出ればいいのです。

「どうしたらヤル気を上げることができるのか」ではなく、ヤル気など上げなくてもできるような仕組みをつくればいいのです。

ヤル気を上げなければいけないこと自体、間違ったやり方です。

はたから見たらヤル気満々に見える人も、実はその仕組みの中で動いているだけです。

それが一番ラクなのです。

仕事ができている人は、それをやっています。

イチロー選手に必死感はありません。

朝からカレーを食べて、午後1時半に球場に入って、準備運動して、練習してというルーチンワークです。

朝のカレーから始まり、自動的にいろいろなことをやるようになっているのです。

イチローは、夜7時の試合で1時半に球場に入ります。

あの殿堂入りの選手が一番に入るのです。

ルーチンワークで仕組みをつくり上げているので、「どうやってヤル気を上げるか」ということは何もありません。

**ヤル気などなくても勝手にできてしまう仕組みをいかにつくり上げるかが、反射力です。**

はたから見ると、頑張っているように見えます。

唯一違うのは、必死さがないことです。

バタバタ、あたふたしていないのです。

反射力のある人は汗をかいていません。

淡々とできるのです。

モチベーションを上げようという方向は、間違っています。

モチベーションを上げなければいけないようなやり方は、仕組みが何か間違っているのです。

## 20 モチベーションに、頼らない。

21

# 気持ちの切りかえにかかる時間で、勝負がつく。

反射力は、体の問題だけではなく、気持ちの問題でもあります。

気持ちの切りかえが、いかに早くできるかです。

恋愛のショートコントをやってもらうと、みんなあたふたします。

気持ちの切りかえが遅れるからです。

たとえば、レストランの予約が通っていなかった時に、「エッ、なんで？　おかしい。責任者出して」とグイグイ粘るのは、気持ちの切りかえができていないのです。

そこで粘っても仕方ありません。

気持ちを切りかえて、通っていなかったことをチャンスに変えていきます。

彼女に「こんなところで動転しない男」と

いうのを見せるいいチャンスです。

それをキッカケにお店の人と友達になることもあります。

あらゆるピンチを、絆を深めていくチャンスにできるのです。

これが、切りかえていくということです。


サッカーの解説で、松木安太郎さんがいつも「ここで切りかえですよ」と言っています。

スポーツは気持ちの切りかえが大切です。

同点に追いつかれるのは、気持ちの流れが悪くなっている時です。

追いつかれたというのは、相手有利の状況です。

でも、ここでへこまないことです。

1点ビハインドになっても、諦めないで気持ちを切りかえていきます。

気持ちの切りかえができる人とできない人に分かれるのです。

世の中はうまくいくことばかりではありません。

どちらかというと、うまくいかないことのほうが多いのです。

**思いどおりいかない中でも、最終的に夢を実現できる人とできない人とがいます。**

**この差は、気持ちの切りかえができたかどうかの差です。**

うまくいった人も、トントン拍子に来たわけではありません。

途中はグチャグチャなことがたくさんあるのです。


月面着陸した「アポロ11号」は、軌道から9割もはずれていました。

それを全部調整していって、最終的に成功したのです。

予定の軌道に乗っていたのは1割だから、失敗だらけです。

事前にあれだけ技術の粋を集めたアポロ計画ですら、9割はずれてしまうのです。

しかも、着陸できなかった「13号」ではなく、着陸した「11号」での話です。

気持ちが切りかえられたら、うまくいかなかった時に一番いい解決策を出せます。

うまくいかないのは、実はうまくいく作戦がまだあったのに、気持ちを切りかえるのが遅れたからなのです。

## 21 気持ちを、切りかえる。

22

# 前提条件に文句を言わない。

プレゼンで、自信作のA・B・C案を持っていきます。

でも、通りません。

そこで切りかえて、作戦を変えて持っていったらうまくいきます。

ところが、ここで「なんで？」と考え始めるのです。

うまくいかなかったことは前提条件として受け入れます。

前提条件に対して「なんで？」と文句を言っても、始まらないのです。

学校で、先生が期末試験の範囲を発表します。

「何ページから何ページまで」と言うと、生徒は必ず「エーッ」と言います。

「じゃ、範囲をせばめます」と言うと、また「エーッ」と言うのです。

まだ勉強していないのに、「そこはやっていたのに」という顔をするのです。

「広げます」で「エーッ」はわかりますが、「せばめます」でも「エーッ」です。

常に何を言っても「エーッ」なのです。

それを言うのは、そもそも勉強のできない人です。

何が起ころうが、気持ちの切りかえをさっとできることが、最終的にうまくいくやり方なのです。

## 22 「エーッ」と言わない。

23

# 反射していると、落ち込まない。感情よりも、速いスピードで動く。

行動と感情は、常にスピード競争をしています。

感情で落ち込んでしまうと、行動が遅れます。

これは感情が先になっています。

落ち込んでいるから、行動ができないのです。

落ち込む前に行動するのは、行動が先にあります。

反射力のない人は、行動よりも感情が先に来るのです。

落ち込んで考え込んでじっとしているとよけい落ち込みます。

何かうまくいかないことがあっても、さっと頭を切りかえて次の行動に移ります。

そうすると、落ち込んでいるヒマがありません。
結果、落ち込まなくなるのです。

肉親が亡くなると落ち込みます。
これを解決するのは、お葬式でバタバタすることです。
お葬式で忙しくしていると、悲しんでいるヒマがありません。
お香典やお葬式の費用など、しなければならないことがバタバタ起こります。
だからいいのです。
**感情が起こる前に、行動を優先します。**
**そうすれば、すべてのイヤなことは流れてなくなります。**

## 23 落ち込む前に、動く。

24

# 行動している人に、悪口を言っているヒマはない。

**悪口を言っている人は、行動が遅れます。**

たとえば、サッカーの試合で「なんでそこへパスするかな」と怒っていたら、足はとまります。

走っている人は次に行かなければならないので、「そこにパスはないだろう」とか「ちゃんととれよ」と立ち止まって怒っているヒマはないのです。

行動している人は、グチ・悪口・ウワサ話を言わずにすみます。

グチ・悪口・ウワサ話を言っていると、いつまでも体が動きません。

動く人と動かない人に、そこで大きく分かれるのです。

# 24

# 悪口を、言わない。

25

# 議論は、あとでする。

組織で仕事をする時は、チームでの議論はあとまわしでいいのです。

1人で行動する時は、自分の頭の中で議論が始まります。

議論は、あとですることです。

芸能人の追っかけをする時は、自動的にスケジュールが決まります。

「こうなったらこうする」というのが決まっているので、議論も何もないのです。

これは自動システムです。

コンピューターのすごさは、迷わないことです。

人間なら省くところも省かないで、全部計

算します。

省こうか省くまいかと迷っている時間がないから、速いのです。

本屋さんで、買おうか買うまいかと迷っている人がいます。

迷っているうちに読んだほうが早いのです。

「読もうかな、どうしようかな」と迷ったり、「どんな内容か教えて」と聞くよりは、読んだほうが早いのです。

世の中は、やったほうが早いこと、行ったほうが早いことだらけです。

**迷っている時間が一番ムダなのです。**

## 25 議論しない。

# 3章

# 能力でなく、リアクションで差がつく。

26

# 「わかりません」は、拒否になる。

質問された時の会話のクセは、人それぞれです。

日常会話で、初めて会った人とやりとりする時に、質問をされて「わかりません」と答えるのは反射力のない人です。

反射力のある人はとにかく何かを言います。

質問をされて、わからないことや即答できないことはたくさんあります。

テストをしているわけではないので、「わかりません」という答えはありません。

たとえば、「死ぬ前におすしを食べるとしたら、ネタ３つ何にする？」と聞かれた時に、「わからない」と答えると感じが悪いです。

聞いた人は嫌われていると解釈します。

答えた人は「いや、その時になってみないとわからない」と思っています。

こういう人は「わからない」という答えだけは早いです。

聞いた人にとっては、「あなたと話すのがイヤだ」と言われているのと同じです。

「うーん、わからない」という答えもイヤですが、即答での「わからない」のほうがもっとイヤです。

会話しようとする気持ちがありません。

**日常会話の答えはなんでもいいのです。**

## 26 「わかりません」より、とにかく何か言う。

27

# 答えの前に、「そうですね」をはさまない。

反射力のない人の口グセがあります。

たとえば、「死ぬ前に最後に食べるおすしの3つのネタは何?」と聞かれると、「そうですね」と言います。

「そうですね」で一拍あけると、答えが遅れます。

反射力のある友人がおすし屋さんに行くと、「まずイカだよね」と言います。

「もう1回、イカいっとこうか」「締めはイカだね」と迷いがありません。

この人はサラリーマンをやめて、食べ物屋さんをやめて、おそば一本にしぼって、とうとう「やっぱりその日に打ったそばがおいしい」と言って、そば打ち機を家の2階に据えました。

1階がお店で、2階でそばを打ちます。

住むところがなくなっています。

すると、うまい具合に家族が出ていきました。

これが反射力のある生き方です。

夢を追いかけるには反射力が必要です。

正しいか間違っているかと考えたら、夢はつかめません。

「そうですね」と一拍はさんだ時点で、その瞬間逃げています。

ところが、何を聞かれても「そうですね」を口グセではさむ人がいます。


スポーツ選手で「そうですね」と言う人は大成しません。

「今日、最後に打った球はどんな球でしたか」と聞かれると、「そうですね……」とはさみがちです。

伸びる選手は、普通は「そうですね」とはさみたくなるところではさみません。

サッカーの日本代表のザッケローニ監督や本田圭佑選手も長谷部誠選手も「そうで

すね」と言いません。

「今日の勝利でまず一言」と言われた時に、「そうですね」をはさむと弱く感じます。

その時点でスポーツ選手としてセンスがありません。

仕事をやらせても、まずダメです。

スポーツ番組のインタビューでも「そうですね」と言うのはイヤです。

「どんな球でしたか」と聞かれて「白いこういう球」と関西人はすぐ返します。

「そうですね」をはさんでから「白い球でした」とギャグを言われても面白くありません。

すぐ気のきいたことが言えるのは、「そうですね」をはさまない習慣をつけているからです。

**「そうですね」のあとに面白い答えは返ってこないのです。**

## 27 接続詞を、はさまない。

28

# 一度でも「パス」をすると、脳はストップする。

中谷塾では、「ハロートーク」と言って塾生が順番に話をする時間があります。

リズムが悪くなるといけないので、パスもありにしています。

やりたい人だけやればいいのです。

わからなかったり、答えが浮かばない、話すのが照れくさいという人はどんどんパスにしています。

こうすると、参加する人と見ている人の2通りに分かれます。

参加はムリ強いしません。

自分は参加しているつもりでも、思いつかない時に一度でも「パス」と言うと、もう二度と出なくなります。

「今回はパスしてあとで参加します」と言っ

て1回脳にパスを許すと、脳がとまってしまうのです。

**反射力は、パスしないで脳を回転させていく力です。**

1回休んで次にやろうということはできません。「わかりません」と言ったあとは、常にわからないモードになります。

パスをすると、常にパスモードに入ります。

質問し始めると、常に質問モードになります。

仮説を立て始めると、どんどん仮説を立てられるようになります。

モードが切りかわるのです。

私は発言者を当てる側として、パスした人はこのあとずっとパスするだろうなとわかってしまいます。

1回パスしたらもう二度と答えられないというルールではないのに、脳はそういうルールになって自分でパスを出してしまうのです。

## 28 「パス」しない。

29

# 抽象的に考えるより、具体的に動く。

反射力がある人の脳の使い方の根本的な特徴は、常に具体的に考えていることです。

反射力がある人は、「一生懸命やる」「努力する」「本気でやる」「死ぬ気でやる」「必死」ということは一切言いません。

精神論ではありません。

**抽象的ではなく具体的に物事を考えるのが反射力です。**

「個室を予約しておいて」と言われた時、「はい、すぐやります」と答える人がいます。

「すぐ」というのは一番抽象的です。

中学英語で「as soon as possible（できるだけ早く）」というのがあります。

商社などでは、英語の文章でこれを「ＡＳＡＰ」と書きます。

これを外国人に使うとアウトです。

外資系では「as soon as possible」を使うと、「今やらないんだね」と解釈されます。

日本人も同じです。

「今ゴキブリが出たからすぐ来て」「今、交通事故にあったの。助けに来て」と言われて、「できるだけ早く行きます」と答える人は助けるつもりがありません。

「今度○○の会があるんだけど、来ない？」と言われて、「行けたら行く」と答えるのに近いです。

これは抽象的です。

反射力というのは、常に具体的にどうするかということです。

物事の発想が常に具体的です。

何か質問された時の返事は具体的にします。

全部を網羅する答えでなくていいのです。

「スポーツは何が好きなの？」と聞かれて、「いろいろ好きです」と答えたら、それで終わりです。

これは反射力のない人です。

「今フットサルが面白いですね」とポッと答えられると、会話は転がっていきます。

「見るのとやるのとどっちが好きなの?」と聞かれると、「どっちも好きです」と言う人がいます。

答えがいつまでも出てこないのです。

この発想の人とは、コミュニケーションをとりたくなくなります。

会話しても面白くないからです。

できるだけ範囲をせばめて話したほうが具体的になります。

コミュニケーションで盛り上がるかどうかは、具体的な話でどれだけつながれるかで決まります。

「おいしいお店どこかある?」と聞かれて、「いっぱいありますよ」と答える人は教える気がありません。

「たとえばどういうのがあるんですか」と聞いて、「中華とかイタリアンとか和食とか」と言われても範囲が広すぎます。

「今日何か食べに行こうか」と聞いた時は、「塩ラーメン」と具体的にポンと挙げてほしいです。

話で笑えるのは具体的だからです。

落語も具体的だから笑えるのです。

「いろいろ」「さまざま」がつく抽象的な話はどこまでいっても面白くありません。

「いろんなアルバイトやりました」より「高層ビルの窓拭きをやってました」と言われるほうが面白いです。

「いろいろやっていた」と言う人より、話を聞く気になります。

「本当にこいついろいろやっていた」と思われたいがために、いろいろ感を出そうとしてしまいがちです。

でも、１つの具体的なものを挙げたほうが、「そんなものがあるんだ」と逆にいろいろ感は出ます。

これが反射力なのです。

## 29 具体的に、行動する。

30

# 相手の質問を予測して、答える。

マナーの本には「バタバタしない」と書いてあります。

上流階級の人は、動きが早いです。

それなのに、早く感じさせないだけなのです。

間違って上流階級のマナーだと思ってマネしている人は、ただののろまです。

動きが早いのにバタバタ感じさせないことが大切なのです。

たとえば、きものを着た京都の芸妓さんは歩くのが速いです。

きものは速く歩かないとまとわりついてきます。

きものは、一歩が大股です。

布が巻きついているので、大股にしないと

歩けません。

ここが見た目と実際の勘違いしやすいところです。

行動が緩やかな人は、反射力があるので時間がたくさんとれます。

動き始めが早い分、緩やかにできるのです。

動き始めるのが遅れる人は、やる時間が短くなるのでよけいバタバタします。

家を出るのが遅れる人は、大体バタバタします。

家を出るのが早い人は、1本電車を遅らせてもいいくらいの余裕を持って行けます。

遅く出た人は、「あー、乗ります」と飛び乗って、「方向が反対じゃん、これ」となったりします。

上流階級の人の緩やかさは、反射力から来ているのです。

私が質問に対して早く答えるのも反射力です。

クイズでも、問題を最後まで聞いていたら負けます。

クイズ番組は、問題が何かを冒頭で読み切る必要があります。
その瞬間にボタンを押します。
問題を聞き終わってから、ほかの人の答えを聞いて「わかってたのに」では遅いです。
クイズ番組の勝負は、問題は何かをいかに早く読み取れるかです。
答えを思いつくことより、質問を先に思いつく能力のほうが反射力があります。
そこで尺がとれるのです。
「中谷さんはみんなの質問になんでポンポン答えられるんですか」とよく聞かれます。
それは、質問をし始めた時にその先が読めるからです。
相手が質問している間に答えがわかっています。
もっと言うと、相手が聞こうとしていることもわかります。
誰が質問しようとしているかもわかります。
中谷塾では、手を挙げていない人に「何?」とよく聞きます。
質問したい顔をしているからです。

**素早く動いてバタバタ感を出さない動きが反射力です。**

**それには、まず動き始めが早いことが重要です。**


みんなと同じタイミングで動いたり、出遅れるとバタバタします。

クイズも、大体決まったパターンがあるのです。

最後まで聞かなくても問題はわかります。

質問に対しての答えを早くする方法は、質問の冒頭で質問の中身を読み取ることなのです。

## 30 質問を、予測して聞く。

31

# アクションスターではなく、リアクションスターになる。

うまくいく人といかない人との差は、仕事でも人間関係でも勉強でも恋愛でも、すべて「反射力」で差がつきます。

**能力ではありません。**

仕事ができるから、チャンスをつかんで夢を実現できるわけではないのです。

「はい、話しかけて」と言われた時に言葉に詰まってしまう人は、反射力のない人です。

スポーツも、瞬間的な反射力の勝負です。

勉強を始めようと思っても、なかなか始められないことがあります。

人間関係でトラブることもあります。

ここですぐ対応できたら、トラブルやピンチがチャンスにつながります。

アクションスターではなく、リアクションスターになってもらいたいのです。

設定を決めてショートコントをやる時も、勝負はリアクションです。

相手が何を言ってくるかはわかりません。

言ってきたことに対して気のきいたリアクションができたら、相手の気持ちに入ることができるのです。

## 31 リアクションをすぐする。

32

# メールの返事をすぐすると、相手はまだパソコンの前にいる。

私はよく「メールの返事が早いですね」と言われます。

理由は単純です。

私はパソコンでメールを受けています。

パソコンの前で原稿を書いているので、パソコンの前にいる時間が長いからです。

常にメールが入ってくる画面が見える状態になっているので、すぐ返します。

メールを受け取る時間は、パソコンの前にいる時間です。

そのメールが何時何分に入ってきたかを見ている人はいません。

私は、メールを受け取った瞬間に返します。

その瞬間は、相手もパソコンの前にいま

す。

だから、「すぐ返ってきた」と思うのです。

10分後に返すと、相手はパソコンから離れている可能性があります。

出かけて帰ってきて、夜立ち上げてみたら、返事が来ています。

でも、相手の印象としては、夜に返事が来たのと同じです。

メールの返事を即することで、相手がパソコンの前にいる確率が高くなるのです。

これが「返事が早い」という印象を持たれるか持たれないかの違いです。

1分後が10時間後、10分後が1日後になってしまうのです。

## 32 メールは、届いた時にひと言で返事をする。

## 33

# 「どうしようかな」と、相手が考えている間は、ボールは自分にある。

仕事でも日常生活でも、相手が「どうしようかな」と言っている時、ボールは自分ボールです。

相手が迷っているのをただ待っていてはいけません。

自分が相手にアドバイスするチャンスです。

ましてや自分がボールを持っているのに気づかない状態は悲惨です。

ボールが足元にあるのに、「どこだ、どこだ」と言っているようなものです。

相手が「どうしようかな」と言っている時は、相手が決断をする場だとつい思ってしまうのです。

デートで、相手がイタリアンと中華のどちらへ行こうかと迷っています。

この時に、ただ待っていてはいけません。

そこを一押しして、相手が決断できる何かを出すことです。

それは自分にボールが返ってきています。

反射力のない人は、自分にボールがないと思っていることが多いのです。

相手が「どうしようかな」と迷った時に、「早く決めてください」と言ってはいけません。

それは自分ボールです。

**相手が決断できる材料を出していくことが反射力です。**

「どうしようかな」というのは、「何か決断できる材料をください」というボールが返ってきたのです。

ここで待ちになっていることが多いのです。

お店で目の前にお客様がいる場合でも、メールのやりとりでも、これが起こります。

自分ボールなのに相手ボールと勘違いしていることのほうが圧倒的に多いのです。

逆はありません。

ほとんどの人が自分ボールになっていることを忘れているのです。

## 33

## 「自分の番だ」ということに気づく。

34

# 短く話して、短く聞く。

恋愛でも人間関係でも、コミュニケーションにおいて、1人の人が長く話しすぎることが多いのです。

と同時に、相手の話を長く聞きすぎるのです。

これも冷たいです。

相手の話に早くツッコんであげることで、キャッチボールが増えます。

ボールを早くとってあげなければなりません。

相手の話を最後まで「ウンウン。それでそれで？」と聞いているのは、まだ自分ボールではないと思っているのです。

相手が話を1つしたら、次は自分です。

話を3つしているとしたら、それは聞きす

ぎです。

会話の本には、よく「合いの手やうなずきを入れましょう」と書いてあります。

でも、それでは相手の話は切れません。

**短いやりとりがポンポン交わされて、会話がラリーになっていると、コミュニケーションは一番盛り上がるのです。**

レストランで、会話のキャッチボールの間隔が短いカップルは仲よくなります。

一方が長く話し、もう一方がまた長く話すというカップルは、つき合いにならないのです。

これがコミュニケーションです。

自分が長く話しすぎたり、相手の話を長く聞きすぎることで失敗します。

これは一方通行になりすぎです。

自分からボールをとりに行って、足を出してプレスをかけていくことが大切なのです。

## 34 相手に、割り込ませる。

# 4章

# 後回しにしたいことを、後回しにしない。

35

# 紙に書かれたものを、求めない。

反射力のない人は、何か指示を出した時に「すみません、紙に書いてもらえますか」と言います。

部下が「今度こういうのをやろうと思うんですけど、どうですか」と言った時に、「とりあえず企画書を書いてみて」と、とにかく紙を求める上司がいます。

こういう人は反射力のない人です。

反射力のある上司は部下から尊敬されます。

「面白いからやってみようか。ちょっと関係部署に言っておくよ」と即言えるのが反射力です。

エレベーターやトイレなど、男性にとっては立っている場所が大切な会議室です。

トイレで隣り合わせたところで「おう」と言いながら、用を足す間に1つの会議がまとまります。

反射力のないチームはとにかく紙が増えます。

すべての紙が引き出しに入っているので、「あの企画はどうなったか」というのが埋もれてしまいます。

これで組織は弱くなります。

日常生活でも同じようなことがあります。

ある時、コシノジュンコさんのサプライズパーティーを企画して、中谷彰宏トークショーという設定で集まることになりました。

ゲストはコシノジュンコさんと米良美一さんです。

米良さんも仕掛人です。

ダンドリを打ち合わせている間、コシノさんを控室に引きとめてもらう役目でした。

ほかの仕掛人には、「このせりふをキッカケにハッピーバースデー・トゥー・ユーでケーキが入ってきます。みんなで一緒に歌いましょう。次に、ここでクラッカーを鳴らすんですよ。この2つのキッカケだけ覚えてくださいね」と説明します。

すると、「すみません、ハッピーバースデー・トゥー・ユーを歌う間《ま》はどこでしょう」と聞く人がいます。

「さっき言ったよね。ここなんです」と答えると、「あ、そうですね。わかりました。クラッカーはいつ鳴らすんですか」とまた聞いたりします。

「クラッカーはこのせりふのあとです」と答えると、「そうですね。それで、ハッピーバースデー・トゥー・ユーをあと覚えればいいですね。どこですか」とまた同じ質問を繰り返します。

そうすると、「紙に書いてください」となるのです。

そういう人は、主役が入ってくるというのに、タイミングが遅れたらいけないからとクラッカーのひもに手をかけていたりします。

紙に書かない口頭だけの打ち合わせを「口立て」と言います。

歌舞伎に脚本はありません。

「こう言ったら、あなたがこう言う」とすべて口立てです。

つかこうへいさんの演出も口立てです。

長ぜりふも、つかさんが言ったものを覚えます。

勝新太郎さんの演出する「座頭市」も口立てです。

出演する片岡鶴太郎さんに「村と村のはずれの辻、そこでおまえとすれ違うんだよ。おまえ、名前はなんだ」と勝さんは言ったそうです。

「え、名前、自分で決めるんですか」と聞くと、「じゃ、鶴吉だ」と言われました。

「オレが通りかかると、おまえ、なんて言うんだ」と勝さんに言われて、「エッ」と鶴太郎さんが驚くショートコントのような演出です。

それで覚えなければならないのです。


現代人は口立てが苦手になっています。

メールにしたり、メモをしたり、企画書を頼りにしたりします。

「紙にしてください」と言う習慣がついている反射力のない人は、口立てで覚えることはできません。

昔は、ナンパして聞いた電話番号を覚えなければならない時代がありました。

今はケータイに登録しているので、知り合いの電話番号すら覚えていません。

ケータイをなくすと大変です。

全員の電話番号がわからなくなります。

究極は自分の番号がわからなくなることです。

**口頭でのやりとりで記憶して動くことに強くなることが、反射力をつけることにつながるのです。**

## 35 文字に、頼らない。

36

# 大切な返事は、外出先からする。

人生で、チャンスを失うのはもったいない。

チャンスは無限にあり、それを反射して拾える人と拾えない人とがいるのです。

たとえば、デートのお誘いで「明日、仕事がドタキャンになったからごはん食べようか」とメールが来ます。

反射力のある人は、その返事を外出先からします。

「うれしいです。今、外なので、また帰ったらメールします」でいいのです。

もっと急いでいたら、「はい。今、外」でも通じます。

この返事で一応押さえられます。

大切な人だし、今は外にいてバタバタして

いるから、返事は、家へ帰って落ちついてパソコンから送ろうとする人がいます。

「返事遅くなりました。今帰ってきました」とメールをすると、「ごめん、あのあと連絡なかったから予定が入ってしまった」と返信が来てチャンスをなくすのです。

誘った側としては、「ドタキャンがあって明日あいたから、ごはんしようか」とメールして、すぐ返事が来ると、相手が喜んでくれている気持ちが伝わってきます。

落ちついたところから来る連絡よりも、「うれしい。今、外なので、あとでまたメールします」と、落ちついていない外から来る連絡のほうがうれしさは伝わります。

誘った側もそのイエスをもらったほうがうれしいです。

「いま、そと」と全部平仮名だったり、変換ミスがあるくらいでいいのです。

きちんとやろうとすることによってチャンスを逃します。

**きちんとしていないことがうれしかったりするのです。**

たとえば、お世話になった人が亡くなったと知らせを受けます。

家に帰って喪服に着がえてくるよりは、「すみません」と言って派手な格好のままお通夜に行くほうが、すぐ来た感じがします。

ムチャクチャお通夜に合わない格好をしていることもあります。

その格好で行って「聞いてびっくりしたんですよ」と言われれば、すぐ来てくれたとわかります。

これが反射力です。

大切な返事は外から早くするのが一番いいのです。

36

**返事しにくいところから、返事する。**

37

# アポは、「今日はどうですか」と、とりあえず聞いてみる。

チャンスをつかむには、アポイントメントをとるところが重要になります。

「来週ごはんに行きましょう」と言った時に、反射力のない人は「ちょっと帰って手帳を見てみます」と答えます。

これでチャンスをなくします。

私が持ち歩いているのは、来週のスケジュールまでです。

そこから先の分は、家に帰って手帳を見ないとわかりません。

たとえ来週以降のスケジュールでも、手帳を見て予定が入っているとわかった時点で、「ごめん、入ってた」と変えればいいのです。

ところが、「あとで家に帰ってから調べてみます」と言う人はあまり会う気がないと相手に思われます。

それよりは、その場で「ぜひぜひ」と言いながら、帰ってから予定を確認して「ごめん、その日、入ってたわ」と言うほうが、まだ会う気があると思われます。

反射力のない人は、あとで変更すると会う気がないととられると思っています。

変更してはいけないと思うから、家に帰ってから間違いのないようにやろうとしてしまうのです。

アポイントメントで最もとりやすい日は、今日です。

新幹線でも、満席だったのに今日のほうが予約をとりやすかったりします。

ホテルも、それまでずっと満室だったのに、今日ポコッとあいたりします。

キャンセルがわかるのは今日です。

明日と今日なら、今日のほうがあいています。

1週間後より今日のほうがあいているのです。

**反射力のある人は「今日はどうですか」と聞きます。**

ノーと言われることも苦痛ではありません。

反射力のない人は、ノーと言われると「うわ、嫌われてる」とショックが大きいのです。

すべてのことを「嫌われている」と解釈してしまうのが、反射力がなくなる原因なのです。

## 37 アポは、今日を優先する。

38

# 考えていることを、とにかく声に出す。

反射力をつけるには、まず考えていることを「声に出す」ことです。

たとえば、いいアイデアを思いつきました。

会議でほかの人が自分が考えたアイデアを言いました。

それが「いいアイデアだね」と評価されました。

「いいや、実はそのアイデア、僕も考えてました」とあとから言う人は感じ悪いです。

先に思っていても言わないアイデアは、思っていないのと同じです。

デートの時に、彼女のスカートのジッパーがあいていました。

「言おうと思ってたんだけどね」と言うと、「早く言ってよ」と文句を言われます。

お好み焼を食べに行って、彼女の歯に青のりがつきました。

「わかったけどね、帰りに言おうかなと思って」と言うと、「なんですぐ言わないの」と怒られます。

**思っていて言わないのは、気がついていないよりもっと悪いです。**

気がついていないことは、言いようがありません。

思ったことは口に出せばいいのです。


結婚した夫婦は「愛してるよ」がなくなると言います。

「そんなこと言わなくてもわかってるじゃん」というのが男性の考え方です。

上司が部下に「こんなことぐらい、言わなくてもわかるだろう」と言うのもよくありません。

思ったことを口に出さない人は、ずいぶんたってから「前から一度言おうと思っていたんだけど」とまとめて言います。

「今のこれ、よくない」とその場で言われるとイヤミがありません。

自分が悪かったことも理解できます。

ところが、「何か謝ることはないか。1週間前のことだ」とあとから言う人がいるのです。

1つ説教したあと、「前もそうだった」と言います。

夫婦ゲンカはこれが多いのです。

「あなたはいつもそう。あの時もあの時もそう」と急に合わせ技になります。

何か文句があっても、その場ではガマンしているからです。

**反射力のある人はガマンをしません。**

**ガマンしていると、結局はチャンスをつかめません。**

自分の中でもストレスになります。

相手のためにガマンしていることが、まとめていつか出てきます。

「今ここでこんな小言言うとイヤな人だと思われる」と思ってあとでまとめて言うから、よけいイヤな人になるのです。

もう少し物わかりのいい上司を演じたいと思うと、たまりたまってドドドッと出てしまいます。

叱ることは悪くありません。

ただ、その瞬間に叱ることが大切なのです。

## 38

## 考えをまとめてから話さない。

39

# 時間がたつと、お礼をしたかどうか、忘れてしまう。

お礼状も、反射力です。

何かをしてもらったり、何かをいただいたりした時には、お礼状を書きます。

大切な人なので、「きちんとしなくちゃ」という気持ちがつい先立ちます。

この「きちんと」が、反射力にはマイナスなのです。

「きちんと」よりは、「すぐやる」ことです。

「きちんと」と「すぐ」は、相反する言葉です。

お礼状をきちんと筆で書こうと思うと、筆で書くには落ちついた時ということで、なかなか書けなくなるのです。

怖いのは、時間がたつと、お礼状を出した

かどうかわからなくなることです。

2回出すのはヤバいです。

年賀状が2通来たら、うれしくありません。

それだけ印象が薄いということです。

好きな人からの年賀状が元日に来て、もう1通が10日ぐらいに届いたら、「それぐらいの扱いなんだな」ということになるのです。

「出したっけ。出していなかったっけ」と考えているうちに、また時間がたちます。

結局、出さないまま次にその人と会うことになるのです。

悪い人ではありません。

一生懸命なのに、反射力がないあまり、「あの人はお礼状の1本もない」ということになるのです。


お礼状は、雑でもいいから、すぐ出すことです。

**お礼状をもらってうれしいかどうかは、お礼状をもらうまでのスピードにかかって**

います。

きちんとしている人は、反射力的には弱いのです。

## 39 短いお礼をすぐする。

40

# 「忙しいからあとで」が、子どもを失望させる。

子どもに対しては、「この人は信頼できる大人」と思われるかどうかが勝負です。

子どもから何か質問された時に、「今、忙しいからあとでね」と言ったら、アウトです。

子どもはがっかりします。

ひょっとしたら天才になったかもしれない子どもが、その瞬間に天才になれなくなるのです。

と同時に、その大人のことを「この人は私のヒーローではない」と感じます。

これは女性も同じです。

忙しい時に限って、「ねえねえ」と話しかけられます。

ちょうどよかったという時はないのです。

この「ねえねえ」が、男性にとっては「あっ、来た。いつも忙しい時ばかり。めんどくさい」ということになるのです。


**質問したい時が一番吸収できるのです。**

それに対しては、絶対に責任を持って答えなければなりません。

今やっていることよりも、今聞かれたことのほうが大切です。

「忙しいからあとで」は禁句です。

子どもや女性相手だけに限りません。

すべての仕事において「忙しいからあとで」を言わないようにすると、反射力が身につくのです。

## 40 「あとで調べておく」を禁句にする。

41

# 汚れたら、すぐ拭く。

掃除や片づけも反射力です。

たとえば、テーブルに飲物がこぼれた時に、「あとで使う時に拭いておきます」というのは気持ちが悪いです。

究極、台所のシンクがそうです。

「今度食べる時に洗います」という形になって、全部、後手後手になるのです。

料理で使ったものは、食べ終わってから洗うのではなく、食べる前に洗わなければなりません。

シンクが、洗っていない食器置場になってはいけないのです。

反射力は「汚れたら、すぐ拭く」です。

お客様が来てからテーブルをきれいにする

お店はイヤです。

どんぶりが置きっぱなしになっている店もあります。

座ると、テーブルにはふきんで拭いた水滴が残っています。

「汚れたら、すぐ拭く」という習慣がなくなると、汚れが放置されて、やがて掃除されない店になるのです。

きわめて簡単です。

こぼした瞬間に拭けばいいのです。

そうしないと、汚れが固まってとれなくなります。

簡単にすむ掃除が、手間がかかるようになるのです。

やってもとれないから、よけい掃除しなくなります。

**「散らかったら片づける」では、永遠に片づかないのです。**

## 41 汚れる前に、拭く。

42

# 使ったら、即戻す。

家の中で、「はさみ」と言った時に、すぐはさみが出るかどうかです。

これが反射力のスピードです。

すぐ出すためには、机が片づいていなければなりません。

時々どこかに行ってしまうのが定規です。

定規は透明なので、何かにはさんでしまう可能性があるのです。

**探している時間がロスタイムになります。**

誰かに「定規貸して」と言われた時に、さっと出します。

「あの資料、どこに行った？」と言われた時も、さっと出します。

それができるのは、要らないものを捨てているからです。

なんでもとってある人は、いざという時にすぐ出せません。

あるのかないのかもわからない状態です。

「○○の資料はあるか」と言われて、「あれは処分しました」と即答できるほうがいいのです。


**「ない」のがわかることが大切です。**

**あったかなかったかわからないのが、一番困ります。**


名刺でもよくあります。

「○○の名刺があったかなかったか、ちょっと探してみる」ということで、ロスタイムが発生します。

ないならないで、インターネットで調べたり、問い合わせて聞いたり、いくらでもできるのです。


反射力を上げるために片づけが必要です。

必要なものがすぐ出せる状態にするのです。

ロッカールームが散らかっている選手は、大体伸びません。

必要なものが探せないのです。

汚れたら拭くのと同じで、使ったら片づけるのも反射力です。

机の上と机の中が片づいている人は、仕事が早いです。

片づけの遅い人は、仕事も遅いです。

料理のうまい人は、料理をつくり終えた段階で、片づけも終了しています。

特に対面式キッチンでは、食べる時に片づいていないとイヤです。

鉄板焼は、食べている最中にふきんで拭けば、いつもきれいな状態になります。

ダメになっていくレストランは、常に隣のテーブルに食器が置きっぱなしなのです。

## 42

## 「片づけるスピード」を上げる。

43

# 「今度ご紹介します」ではなく、目の前で、電話をかける。

たとえば、お客様と話をしていて、人を紹介してあげるという状況があります。

ここで反射力のある人は、「今度紹介しますね」という流れにはなりません。

「今、電話してみます」と、相手の目の前で電話するのです。

相手が出たら、「今かわりますね」と、すぐつなげられます。

「目の前でする」と「今度紹介する」とでは、圧倒的な違いがあるのです。

「今度紹介する」となると、3人の時間のダンドリをしなければなりません。

でも、3人がそろうことはなかなかないのです。

どんなにメールが発達しても、何回か行っ

たり来たりすることになります。
今、目の前で電話をかけたら、トントントンと進んでいきます。
反射力のある人は、目の前でポンとできてしまうのです。

## 43 今度することを、今する。

# 44 立ってするほうが、早くなる。

部下に「相談したいことがあるんですけど」と言われた時に、「今度聞く」と言う上司が多いのです。

反射力のある人は、そこで立ち話ができます。

**反射力は「立ち話力」です。**

「今晩、一杯行こうか」という流れでは遅いのです。

そこで構えてしまいます。

立ち話なら、「今度こういうのをやろうと思うんですが、どうでしょうか」「とりあえずやってみようか」ということで、1分ですむのです。

ところが、「今晩飲みに行こう」「また場所を改めて」「今度の会議で」となると、会議室をとって、時間をとって、お茶をとってとなって、どんどん遅れていきます。

それは反射力のない人です。


**反射力のある人は、場を改めません。**


立ち話で「社長、ここをこんなふうにしようと思うのですが、どうですか」と言ったら、「面白いね。ためしにダメモトでやってみようか」という流れになります。

部下はどんどん提案したくなります。

「次の会議で提案してみて」「紙をそろえておいて」「資料をまとめておいて」「企画書を書いてみて」と言っていると、提案できなくなるのです。

これは、特にリーダーがしなければならない努力です。


戦争映画や最近のＮＨＫドラマ「坂の上の雲」などを見ると、軍人さんで座っている人はみんな悪役です。

実際は、いい役なのか悪役なのかは、役者さんを見たら大体決まってきます。

石坂浩二さんや渡哲也さんの悪役は、まずないのです。

立っているほうがいい役です。

立っているほうが反射力があるからです。

軍人さんの打ち合わせは、必ず立ってやります。

座っていたら、脳がじっとしようとするからです。

海軍では、立って船を動かしながら打ち合わせします。

座ったら見にくいからではありません。

立っているから、テキパキと頭がまわるのです。

ハリウッド映画では、大体旧ソ連が悪役です。

旧ソ連の悪い人たちは、必ず座っています。

座っていると、物事にパッと対応しないという形になるのです。

## 44 大事な話こそ、立ち話で。

45

# 報告は、第1報のスピードの勝負。

**きちんとした報告は、最低の報告です。**

その時点で遅れています。

ミサイルが発射されたという情報が入ったら、未確認情報でも「ミサイルが発射されました」とすぐ言わないと間に合いません。

確認してから連絡するようでは遅いのです。

まじめな人は、大体第1報が遅れます。

きちんとした情報を報告しようとするからです。

きちんとしていないうちに連絡することが、第1報として大切です。

「どうもこういうことが起こったらしいです。今確認しています。今こういうふうに行動しています」という連絡を入れておくことが、チーム全体には一番ありがたいのです。
未確認情報を早く連絡することです。
間違いなら間違いでいいのです。
確認して「やっぱり正解でした」とあとから連絡しても、間に合わないのです。

## 45 まず、第1報を入れる。

46

# 間違えてもいいから、方向性の指示を早く出す。

会議の時、リーダーも若い人も、思いついた意見はすぐ言ったほうがいいのです。

最後に言うと、「それ先に言ってよ」とよけい感じ悪くなります。

リーダーが「君たちは大事なことを忘れてないかな」と最後に言うと、「それがわかっているなら最初に言ってよ」と思われます。

方向性を先に決めてあげないと、ムダな会議になります。

最初に言わないなら、最後まで言わないことです。

「いや、でも君たちは大事なことを忘れてないかな」と言われると、「この2時間はなんだったんだ」となってしまいます。

リーダーになればなるほど、偉ければ偉いほど、反射力が求められます。

**反射力の最もある人が真のリーダーになります。**

**リーダーに必要な反射力というのは、「よし、これはこうしよう」と方向性を決めることです。**

スポーツでは大きな流れを直感的に感じ取り、「今はガマンの時間だ」「今は攻めの時間だ」「ここは守りに入ったらいけない時間だ」と、大局観としてパンパンととらえられることが大切です。

「残り時間を考えて守りに入ろうとしている。ダメだ。もう1点とりに行くつもりでいかないと。ディフェンスラインを下げてしまっては、よけい点をとられる」という方向性をパンと決めて、みんなにすぐ指示を出します。

特にリーダーは「オレもダメだと思ってた。いつ言おうかなと思ってたけど、言うとみんなが一生懸命なのに感じ悪いから」と、あとから言うほうがもっと感じが悪いです。

リーダーは間違ってもいいから、「よし、こっちに行こう。責任はオレがとる」と言って方向性を示します。

そういうリーダーにみんなはついていくのです。


方向性を決める時に多数決をとるのはリーダーではありません。

「だってみんなの意見がこうだったから、こっちだ」と言うのは、リーダーの責任を回避しています。

「これはこうだ」と決めてしまわないと、360度の議論をしなければならなくなります。

それでは今の時代のスピードについていけません。

「よし、今回ここはなしとしよう」「ディフェンスをがっちり固めていったら攻撃なんかできない。リスクをとっていこう」という作戦を決めることです。

「360度検討で、自分としては、今回はこの方向しかないと思う。だからこっちでいこう」というのを決めるのがリーダーの仕事です。

そうすると、部下はリーダーを信じてついていけます。

間違ったからといって、リーダーを責めません。

一番困るのは「一応全方位でやっておこう」とリーダーが守りに入ることです。

災害が起こったり、予想できないリスクが発生した時に、リーダーがすぐ動きを起こせない、指示が出せないと部下は動けません。

これが、反射力のない人がリーダーになった時の最大の悲劇なのです。

## 46 方向を示す。

47

# 変化を、日常化する。

反射力は、いざという時にやることではありません。

日常が反射でなければならないということです。

「よし、今年は変化の年にする」と言っているようではダメです。

変化が日常化して、365日、変化するのです。

「この間変化したばかりだから、次はまたオリンピックの年に」と言っているようでは話になりません。

「朝令暮改」は、朝言ったことが夕方変わることです。

「君子は豹変す」は、態度や考えが急に変わることです。

これは悪いことではありません。

むしろそうしなければならないのです。


**反射力のある人は、軸が定まっています。**


軸が定まっているから、どんどん機敏に対応できます。

軸が定まっていない人は「この間、こうやって決めたから」ということで、動けないのです。

リーダーが朝言ったことが間違っていた時に、「ここで変えたら、部下の手前、メンツがつぶれるし、なんて思われるだろう」と考えているようではいけません。

軸は定まっていて、そのための作戦が変わるだけです。

軸は目的です。

目的がコロコロ変わったら、変化に対応できなくなります。

目的は変わらないで、作戦が変わるのです。

今、必要な作戦は、そのつど変わります。

いかに毎日変化していけるかです。

朝、変化して、昼、変化して、夜、変化するぐらいのつもりでいいのです。
変化を日常化することが、リーダーの仕事なのです。

## 47 1日3回、変化する。

48

# 改善が、改善を生む。

**変化を日常化するためには、小さいことでいいから、まず1つ改善します。**

大きいことから変えなくていいのです。

面白いことに、改善が改善を生みます。

1つ改善すると、次に改善したいテーマが見つかるのです。

「これを変えたら、次はこれ」「これを変えたら、次はこれ」と、改善が自然に転がり始めます。

この流れに入っていくことが大切です。

改善をしないと、何を改善していいかわかりません。

最初から100個を改善しようとは考えずに、1個だけやってみます。

「よし、うちの会社も生まれ変わろう」というヤル気のわりには、変えようとしていることが小さいのです。

気にする必要はありません。

小さい改善がどんどん転がり始めるのです。

片づけや掃除も、全部やろうとすると、「年末でいいや」ということになります。

掃除は、1カ所すると、ほかもしたくなります。

掃除したところとしなかったところで、差がつくからです。

それで、「ここも掃除しておかないと」と、どんどんやってしまいます。

これが掃除です。

全部やろうとすると、やる前から疲れてしまうのです。

## 48 まず1つ、改善する。

49

# シーズン中に、改造する。

イチロー選手や石川遼がスーパースターなのは、すばらしいフォームを持っているからではありません。

シーズン中にフォームを改造するのがすごいのです。

石川遼に至っては、トーナメントの4日間で改造しています。

普通は、こんなことはやりません。

改造すると、スコアが下がるのです。

いったん下がって、そこから伸びていきます。

改善は、シーズン中にやることが大切です。

「今度ヒマな時に改善しよう」ではなく、今まさに仕事をやりながら改善していくのが、最も効率がいいのです。


「今は忙しいので、仕事が一段落してから」と、ついなりがちです。

これをすると世の中に取り残されます。

もっとわかりやすく言うと、お客様に取り残されるのです。

お客様は、いろいろなサービスを受けて、いろいろなところから情報を得て、どんどん進化しています。

今一番いいところをインターネットで調べられるのが、情報化社会です。

エリアは関係なくなるのです。

今までは、ある業態で地域に1軒しかないところへみんな来ていました。

昔の歯医者さんがそれです。

なんでも「すぐ抜きましょう」、何を言っても「手遅れです。どうしてもっと早く来なかったの」と言うヤブ医者が流行っていました。

そこしかなかったのです。

今の時代は情報がたくさんあります。

「どこどこの歯医者さんがいいらしい」と聞いたら、電車やクルマに乗ってでも行ってしまいます。

エリアでお客様を縛ることはできません。

少し頑張ったら、遠いところからでも来てくれるのです。

## 49 忙しい時に、改善する。

50

# 次回からの改善は、しないのも同じ。

お客様は、すごいスピードで進んでいます。

お客様の流れに遅れてはいけません。

たとえば、5個入りで売っている商品があって、お客様に「すみません、5個も要らないので、1個で買えませんか」と言われます。

大工道具で、釘が1本欲しいだけなのに100本入りを買わなければならなかったのは、昔のことです。

今はホームセンターで釘1本から買えます。

お客様から「これ、1個で買えないの」と言われた時に、「ありがとうございます。そのアイデアをいただきます。じゃ、次回から」と言っているようではダメです。

どうして「今回から」と言えないのでしょうか。

ここの差です。

「次回から」と言う人は、本人は変えているつもりです。

**反射力のあるかないかは、「次回から」か「今回から」かの差なのです。**

ワンドリンク無料券をもらうと、関西人は「これ、今日使えるの？」と必ず聞きます。

東京の人は聞きません。

「次回からです」と言われたら、関西人は「もういらんわ」ということになります。

お店としては、次回来てもらうためにワンドリンク無料券をつけているのです。

今回使えない券を渡して呼び寄せようとする心根がイヤです。

自分が何か釣られている気がするのです。

ここで「本当は次回からなんですけど、今日使ってください」と言われたら、感じがいいです。

そうすれば、気持ちよく、次回また来てもらえるのです。

「次回から」をいかに「今回から」に変えられるかです。

大企業でも5人の会社でも、これはなかなか変えられません。


私は10分前から講演を始めることがあります。

これがなかなかできないのです。

私が早く始めようとしたら、「一応この時間で発表しておりますので」と言われました。

お客様はみんな入っています。

そこで待っているのはつらいです。

そこに座らされている私も感じの悪い人になります。

主催者の人は「時間どおり来られた方からクレームが出ます」と言うのです。

クレームが来たら、私が謝ります。

それよりは、早くから集まってくれている人に少しでも話ができたらいいのです。

50

## 「次回から」を「今回から」へ。

ある世界的な大企業の研修に講師として行きました。

行くと、100人からの人がみんなそろっています。

「やりましょうか」と言ったら、「エッ、いいんですか。じゃ、次回からはぜひそんな感じで」と言うのです。

「なんで今日じゃないの」と思いました。

15分間ただ待っていたら、100人の社員の給料の「15分」分がもったいないのです。

人事部主催の研修でしたが、人事部がこの発想です。

それを何万人という全社でやっているのです。

「次回から」と言うと、永遠に「次回から」が続いて、次回もやっぱりできないのです。

# 5章

# 「反射力」で、チャンスをつかむ。

51

# 箱の底をかきまわしても、当たりくじはつかめない。

くじで一番当たらないタイプは、箱の底からかきまわす人です。

三角くじでも、ポッと持つと2つひっかかったりします。

後ろに列ができているのに、その2枚を戻して、もう1回とり直します。

そういう人ははずれるのです。

**当たるのは、一番上のくじをポンととる人です。**

「じゃ、これ」とパッととったくじで当たるのはカッコいいです。

箱を振ったり、かきまわしたりしてとったくじで5等というのは最も情けないです。

「当たりは絶対底に入ってるから」と言っても、前の人が全部ひっくり返して底が上になっているので結局同じです。

人生のいろいろな出会いに関しても、底までかきまわすというしぐさがけっこう多いです。

「まだもっといろいろ会ってみないと」「全部見てみないと」という出会い方を求める人がいます。

たとえば、パーティーで100人いる女性の中から1人を選びます。途中で気になる女性がいても、「100人見てみないとな」とぐるぐる会場内をまわっているうちに、「やっぱり先の人かな。あれ、さっきの人どこ行ったの」と見失うことがあります。

これは、その人の人生そのものです。

レンタルビデオ店に行って、「話題作のこれ、あったあった。これキープで。あとほかにないかな」と手に持たずにその場を離れる人がいます。戻ってキープのDVDを探しても、「あっ、ない。どこ行ったんだ」ということになります。

気になるものはすぐとっておかないとなくなります。

「なかなかないんです」と言う人は反射力がありません。

そういう人は、人生のすべてにおいてそういう展開になってしまうのです。

## 51 箱の一番上のくじを引く。

52

# 用意周到では、もう遅い。

「英語の仕事があるんだけど、やる？」と言われて、「いや、もうちょっと勉強してからやります」と言う人は、チャンスを逃します。

「こういうのやったことある？」と言われた時に、「やったことがないから、勉強してきます」と断ったら、次からのチャンスがなくなります。

やったことがあろうがなかろうが、万全に準備してから仕事の依頼を受けようというのでは、次のチャンスは来ないのです。

「用意周到」は、最もやってはいけないことです。

準備を完全に整えてからやるという形は、間違ったやり方なのです。

## 52 用意周到にしない。

53

# 名刺をさっと出せる人が、信用できる。

新入社員が伸びていくかどうかは、名刺を出すまでのスピードでわかります。

名刺を出すのが遅い人は、絶対に伸びません。

ふだんから人に会っている数が少ないのです。

オジサンでもベテランの社員でも同じです。

名刺を出す時に「えーと、ちょっと待ってくださいね」と探している人がいます。

人の名刺でパンパンになっていて、やっと出てきた自分の名刺は折れています。

折れたところをキュッキュッと伸ばしながら渡されます。

ひどい時には、他人の名刺を渡していま

す。

本人は気づいていません。

名刺を出すスピードで、その人がどれぐらい仕事ができるかがわかります。

プレゼンで、「今日は企画書をお持ちしました。えーと、ちょっと待ってくださいね」と言われたら、不安です。

自動車のディーラーさんに「今日は見積もりをお持ちしました。ちょっと待ってくださいね。あれ？　絶対持ってきたんですけどね」と言われたら、その人から買うのが不安になります。

見積もりの打ち合わせに来たのに、見積もりをカバンのどこに入れたかわからなくなっているのです。

悪い人ではありませんが、この人から買おうとは思いません。

どんな資料でも、すぐ出せることが大切です。

インタビューに来た人が、「これを見ていただきたいんですけど」と言って、新人のアシスタントに資料を探させます。

一方で資料を探しながらインタビューされても、何かうわの空です。

話している側としては、ちゃんと聞いてほしいのです。

用意していなかったものを求められた時にすぐ対応できる人は、信用できます。

**反射力は、さっと出せるかどうかの差にかかっているのです。**

**53 名刺を、相手より早く出す。**

54

# 変身のスピードが遅かったら、スーパーマンではない。

スーパーマンのすごさは、力ではありません。

「キャー」という声を聞いて、すぐ変身できることです。

スーパーマンは聴力がすぐれています。

彼女が敵に捕まって「キャー」と叫んでいるのを聞いた時は、まだ新聞記者のクラーク・ケントです。

そこからすぐに電話ボックスに飛び込んで、バッと着がえてスーパーマンになります。

着がえの遅いスーパーマンは、一番イヤです。

「すみません。家に帰って着がえてきます。ちょっとクリーニングに出しているもので」

と言っているようでは、スーパーマンの意味がありません。

スーパーマンは、引きちぎるように服を脱ぎます。

ボタンを丁寧にはずさないし、脱いだ服も畳んでいません。

電話ボックスは大体誰かが電話をかけていますが、そんなことは気にしません。

電話ボックスに飛び込んだら、ボンと飛び出していきます。

スーパーマンのすごさは、実は着がえのスピードの速さです。

着がえるスピードが遅かったら、アウトなのです。

女性も、着がえのスピードが遅かったら、チャンスをなくします。

たとえば、夜中に「今○○と一緒にいるんだけど、来ない？」と言われます。

ここで「もうメイク落としちゃったから、メイクをし直して2時間以内に行く」と言っても、その店にはもう誰もいません。

これは着がえの遅いスーパーマンです。

ヒーローが助けに行ったからといって、相手に勝てるとは限りません。

別に勝てなくてもいいのです。

すぐに駆けつけてくれることがうれしいのです。

逆に、勝つためによろいを着たり武器をそろえていたら、「どれだけビビっているんだ」と思われます。

スーパーマンは、服を脱いでいるだけで、着ているシーンはありません。

年中、服の下に「S」のついた防弾チョッキを着ているのです。

「007」で、敵の悪い組織が島に集まって、秘密のパーティーが開かれます。

島の岸には機関銃を持った人が守っています。

そこへ007がウエットスーツで潜っていって、夜陰に乗じて上陸するのです。

ウエットスーツを脱ぐと、そのままタキシードです。

いちいち着がえているわけではありません。

ウエットスーツがもったいないから持って帰るということもないのです。

これがヒーローです。

少なくとも着がえに手間取ってはいけません。

さっと変身できることが大切なのです。

## 54 着がえのスピードを速くする。

55

# スーパーマンは、余韻を引きずらない。

スーパーマンは、彼女を助けたあとにすぐ戻ってきます。

クラーク・ケントがスーパーマンであることは彼女に内緒にしているので、「大事な時にどこへ行っていたの」と怒られます。

スーパーマンは、クラーク・ケントに戻る時も早いのです。

スーパーマンの服はどこにやったのかと思います。

これがヒーローのカッコよさです。

いつまでもスーパーマンの格好でウロウロ歩いていないのです。

スーパーマンは、2次会には行きません。

3次会でカラオケにつき合うことも、絶対

にないのです。

スーパーマンは、事が終わったら、さっといなくなります。

これがスーパーマンの魅力です。

「この敵は私が片づけました」というインタビューも受けません。

クラーク・ケントの彼女は新聞記者です。

スーパーマンのインタビュー写真を撮ろうとしても、ピューッと飛んでいっていないのです。

そこへクラーク・ケントが「大丈夫?」と言いながら帰ってきて、「あなたはいつも大事な時にいないんだから。ちょっとはスーパーマンを見習いなさいよ」と言われます。

それがカッコいいのです。

カッコ悪いのは、ヒーローがいつまでもその場にいることです。

「新聞社さん、集まってください。サインしましょうか。写真撮りましょうか」と言うのは、みっともないのです。

**反射力のある人は、ヘンに自分がうまくいった余韻を引きずりません。**

サッカーの勝った時のインタビューは短いです。

ポンポンポンと答えて、「どうもありがとうございました」と言って、さっと終わります。

あれがさわやかです。

自分に酔わないことです。

## 55 余韻を、引きずらない。

56

# 初球から フルスイングする 選手が、伸びる。

野球選手のスカウトマンは、リトルリーグから海外まで視察に行っています。

ライオンズの試合を見に来たスカウトマンが、「ライオンズにはなかなかいい選手がいる」と言っていました。

「ライオンズにいる人を今さらどうするんだろう。トレードかな」と思ったら、中国の天津ライオンズだったのです。

スカウトマンの目にとまることが、野球選手として大切です。

バッターなら、ストライクだろうがボールだろうが、初球からフルスイングをする人が伸びていきます。

ツー・スリーまで粘って、選球眼がいいこ

とを自慢しているような人は、まず伸びません。

イチローは、どこにボールが来ようが打っていきます。

メジャーリーガーも、やっぱり初球から打っていきます。

そうすると、ピッチャーがつらいのです。

待ってから来るバッターのほうが、ピッチャーは優位に立てます。

仕事でも、狙い球を待っていてはいけません。

狙った以外のストライクはもちろんのこと、ボール球でも初球からとにかく打っていくほうが、相手には脅威です。

それをやっている人は、やがてどんな球でも打てるようになるのです。


仕事においても、自分の待っている狙い球が来ることはほとんどありません。

大体「エーッ」と思うようなことです。

でも、そのほうがうまくいくことが多いのです。

「こんなの絶対売れない」と思ったものを引き受けてやってみたら、売れるのです。

このほうがうれしいです。

自分の好きで得意なものは、まず来ないのです。

どんなものでも、とりあえずやってみることです。

「好きだったらやる」「得意だったらやる」というのは、反射力ではありません。

企画の中身を聞いているようでは遅いのです。

「ちょっと頼みたいことがあるんだけど」と言われたら、相手が何も言わないうちに「やります」と言わないと、チャンスはつかめません。

無名で実績もない人なら、それは当たり前です。

有名になってもそれができる人が、一流です。

もろもろの条件を聞いてから、やるかどうかを決めるようでは、一流であり続けることはできません。

**条件を聞いたり、やりたいことだけやる人は、本当の一流にはなれないのです。**

## 56 初球から、打っていく。

57

# 遠慮でチャンスを逃す。

礼儀正しい人からお礼状が来ないのは、きちんとやろうとしているからです。

遠慮深い人、慎み深い人は、「いえいえ、結構です」と言って、次のリアクションがなかなか出てきません。

人生においては、遠慮でチャンスをなくします。

「この人は謙虚で慎み深い」ということで、チャンスをもらえることはないのです。

外国では特にそうです。

「この仕事できますか」と聞くと、何もできない人が「できます」と手を挙げます。

やってみてできなくてクビになったら、それはそれで仕方がないと考えます。

手を挙げなければ、そもそも仕事をもらえないので、クビにもなれないのです。

「遠慮」「慎み深さ」「謙虚」は、すべて反射力の邪魔をしています。

恋愛では、これでチャンスをなくします。

「あの人は自分のことを好きではない」と解釈されてしまうのです。


アメリカにはセスナの教習所があります。

アメリカは、自動車社会と同時にセスナ社会です。

一度セスナに乗せてもらったことがあります。

「中谷さんもセスナの免許を取ればいいのに」と言われました。

私は子どもの時に戦闘機のパイロットになりたかったので、「やりたいです。むずかしくないですか」と聞くと、「クルマの免許より簡単」と言うのです。

クルマの運転はライセンスが必要なので、テストがあります。

ライセンスセンターへ行って、「すみません。免許を取りたいのですが」と言うと、「はい、わかりました。いついつどこどこに来てください。クルマは何に乗ってきますか」と聞かれます。

要するに、教習所のクルマではなく、自分のクルマでテストするのです。クルマが変わったら乗れないということでは、意味がないからです。ライセンスセンターに行くまではどうするのかと思いますが、自分のクルマで運転できたらOKなのです。

そのクルマの運転より、セスナはもっと簡単です。

どれだけ簡単なのかという話です。

「クルマは狭いところで走っているんですよ。セスナはがらすきなので、ぶつかることはないですから。飛ぶのと着陸だけできれば大丈夫です」と言われました。

管制塔とのやりとりは英語です。

「決まり文句ばかりですから。日常会話のほうがよっぽどむずかしい。恋愛関係のもつれのような会話は出てこないから」と言うのです。

プログラムもないし、何時間受けたら合格というのもありません。

先生と乗っていて、「そろそろテストを受けたら?」というやりとりです。

ここで日本人は「もうちょっとちゃんと練習してから」と言います。

移民の人たちは、手に職をつけようと思ってセスナを習っています。

そういう人たちは「オレは操縦できるから早く受けさせろ」と言うそうです。
英語も怪しい人たちです。
実際はそういう人の勝ちです。
そうしないとなかなか踏ん切りがつかないのです。

## 57 遠慮しない。

58

# 名乗った者の勝ち。

「イラストレーターになりたいのですが、もう少しイラストの勉強をしてからにします」と言っていたら、永遠になれないのです。

ヘタウマでもなんでも、名乗っていくしかありません。

ライセンスの世界ではないのです。

仕事をしながらチャンスをつかんでいきます。

どこまで勉強したらとか、何か国家試験があるわけではないのです。

作家もそうです。

「もう少しいろいろな人の本を読んでから」と言っていたら、死ぬまで読み切れないのです。

**ほとんどの仕事は、ライセンスのない仕事**

です。

イラストレーターでも作家でも、名刺に刷ってしまえばいいのです。

みんなに自分の塾を持ってもらいたいと思っています。

「何ができれば塾を開設できますか」と聞かれたら、私は「いや、何もない。今からできる」と答えます。

「そんな急に言っても、生徒が集まりますか」と言いますが、生徒がゼロでも、塾は塾です。

イワタ君は塾を始めました。

自己紹介をする時は、「○○会社のイワタです」ではなく、「イワタ塾の塾長です」と言っています。

名刺にも「イワタ塾塾長」と書いてあります。

名乗った者の勝ちなのです。

## 58 自分から、先に名乗る。

59

# 1秒早く電話した人に、決まる。1分の遅れが、1年の遅れになる。

電話をかけるのが1秒遅れたら、ほかの人に決まります。

アポイントメントでは特にそうです。

仕事の依頼で、「お願いしたい件があるので、お電話ください」と言われます。

これから電車に乗るところなので、電車を降りてからかけようと思います。

たとえそれが3分後でも、「お電話いただいたようですが」と言うと、「仕事を頼もうと思ったのですが、連絡がつかなかったので、ほかの人に頼んでしまいました」と言われるのです。

これでチャンスは終わりです。

**仕事がとれる人は、すぐコールバックできる人です。**

そこでクォリティーなどと言っていられません。

相手は締め切りを抱えています。

つかまるかどうかは、コールバックが早いか遅いかの差です。

相手は待ってくれません。

やっとつながった時に、「今忙しいので、ほかの人に頼んでください」と言われたら困るから、すぐ連絡のつくほかの人に仕事が行ってしまいます。

そういう時に限って、やりたい仕事だったりします。

1分遅れたら1分遅れるのではありません。

1分の遅れが1年の遅れになって、1年の遅れが一生の遅れになるのです。

## 59 「1秒遅れたら、一生間に合わない」と覚悟する。

60

# 「何人もいる」と言われる人間になる。

サッカーの長友佑《ゆう》都《と》選手は「何人いるんだ」と言われています。

ディフェンスにもいて、攻撃にも絡んでいます。

左にいるかと思ったら、右にいたりします。

これが反射力です。

長友選手は、世界レベルで1試合で走る距離が一番長いのです。

だから、「何人いるんだ」という神出鬼没の状態をつくり出すのです。

**1カ所に長居しないで、常に先に事が起こるところに行くことが大切です。**

ホテルの厨房は人数が多いです。

帝国ホテルの厨房で働いている人は１５００人ほどです。

パン パシフィック横浜ベイホテル東急の中華のレストランだけで80人ほどです。

料理長が鍋を振っている時に、次に頼むことを予測している人がすでにボールの落下点に入っています。

それはいつも同じ人です。

そういう人が伸びていくのです。


野球で守備のヘタな人は、バッターが打ったボールに近づいていきます。

いったん前に出て、バンザイの状態で後ろに下がって転ぶのです。

イチロー選手は、バッターが打った瞬間に後ろに向かって走り出します。

ボールを見ていないのです。

走っていって、フェンスに足をかけて、ここで初めて振り返ってとるのです。

「ここへ飛ぶ」というのは、最初にわかっています。

振り返りながら走っていたら、あの外野の広い守備はムリです。

イチローは、あらかじめ落下点を見出しています。

しかも、打つ前に「ここに飛ぶ」ということを予測しています。

ピッチャーが次に外角高めに投げるのもわかっています。

そのバッターの前の打席とその前の打席も全部わかっています。

自分がピッチャーだったら次の球はどこに投げるだろうと考えて、一球一球最初の立ち位置を変えているのです。

子どものころの三角ベースの野球では、必ず前に出ていって、後ろに下がってそのまま転ぶ子がいます。

グローブを出して、走ってボールを追いかけています。

プロはグローブを最後に出します。

ボールを見るのは最後でいいのです。

## 60 守備範囲を広げる。

61

# もっと早くできる方法は、必ずある。

もっと早くするためには、常に何を詰めればいいかを考えます。

そのためには、日常的にやっていることの秒数を全部はかってみます。

自分の仕事でも人の仕事でも同じです。

今やっている人よりも、もっと早くできる方法を常に考えるのです。

今、牛丼チェーン店では松屋が一番早く出てきます。

松屋に行って、ただ牛丼を食べるのではなく、なぜ早いのかを見てください。

松屋は、まず歩数を決めています。

研修センターでは、何歩歩いたか、どこに重心が乗っているかを全部マニュアル化しているのです。

5歩のところを4歩にしたら、従業員5人を4人にできるし、4人のお客様を5人にできます。

そのためには、最初の立ち位置がどこかで決まるのです。


岡田武史元サッカー日本代表監督の時に、選手はスタートダッシュを陸上のコーチに習いに行っていました。

日本人の走りと外国人の走りは、何が違うかです。

サッカーは、ボールに足が届くかどうかのギリギリ10センチの戦いです。

0・1秒遅れたら、10センチの差がつくのです。

外国人は、用意ドンでそのまま走り始めます。

ところが、ほとんどの日本人は、1回体重が後ろに行って、ためてから走り始めます。

そこでコンマ何秒の差がつくのです。

サッカーは、あれだけ方向転換をしなければならないゲームです。

そのつどそのつど遅れていくのです。

子どもたちにそれを教えたら、走り方がまったく変わります。

子どもの走りは、スタートの時に1歩下がっています。

先生のお手本がそうなので、ほうっておいたら、みんなそうなります。

子どもの走りはスタンディングスタートです。

しかもまちまちです。

明らかに後ろに下がる子がいるのです。

**この1歩で損をしているということが、日常生活にたくさんあるのです。**

**61**

**常に、今やっていることを「もっと早くできないか」と考える。**

62

# 準備をしながら、準備を捨てられる。

準備していても、準備したものを使わずに動けるようにしておかなければなりません。

準備で大切なことは3つあります。

①準備することで早くできる
②準備していない時でもやれる
③準備していたことがあっても変更できる

気持ちの切りかえです。

「せっかく準備したんだから、やらせてくれ」と言っていると、準備がマイナスになるのです。

準備は悪いことではありません。

**準備をしながら準備を捨てられる人が、一番チャンスをつかめます。**

準備しておくことによって、平気で捨てられるのです。

準備はムダになりません。

準備しないでその場で思いつくアイデアは、準備レベル以下になります。

さんざん準備してきたものを捨てて、その時思いついた瞬間のアイデアを出せば、準備以上のアイデアが出るのです。

## 62 準備は、捨てるためにする。

63

# 準備に逃げないで、本番の場数を踏む。

用意周到に準備してからでは遅いのです。

準備に時間をかけてはいけないということです。

どれだけ本番の場数を踏んでいるかの勝負です。

準備や練習に逃げてはいけないのです。

いくら打ちっぱなしに行っても、試合に出なければゴルフはうまくなりません。

ダンスで、練習ばかりやっていて実際にホールで踊らなくなると、だんだん踊るのが怖くなります。

ヘタなうちにホールで踊らないと、よけい怖くなるのです。

怖さを知らないうちに実践しておきます。

**実践主義でやってできなかったら、そこで初めて自分のできないことがわかるのです。**

準備していなかったからできなかったのではありません。

それが実力です。

本番で自分の実力を知ることができます。

反射力を鍛えていると、ふだんから何を準備すればいいかが逆算でわかるのです。

そうして準備しておくと、本番では反射力に全力を注げます。

準備が中途はんぱだと、本番に入ってから準備と反射力の両方をやらなければなりません。

これでは本番がもったいないのです。

## 63 準備のない本番を体験する。

64

# 早足で歩くと、注意力がアップする。

私は歩くのが速いのです。

大体後ろからスタッフが走ってついてきます。

工場見学にもぜひ行ってみてください。

うまくいっているところは、絶対見せてくれます。

「秘密だからダメ」と言うところは、大体うまくいっていないのです。

うまくいっているところほど、「どんどん見てください。何か気づいたことがあったら教えてください」と言います。

「企業秘密ですから」と言うところほど、秘密はないのです。

片づけも掃除もできていないので、汚れているのを見られるのが恥ずかしいだけです。

そういうところは見なくていいのです。


見学のコツは早足で歩くことです。

歩くのが遅いリーダーはありえないのです。

すべての社員の中で、リーダーが一番歩くのが速くなければなりません。

歩くスピードで、アイデアを思いつくリズムが生まれます。

「速く歩いたら見逃してしまうのでは」という疑問が湧きますが、逆です。

速く歩いたほうが注意力が鋭くなるのです。

観光し慣れている人は、歩くのが速くても、いろいろなものに気づいています。

美術展でゆっくり歩いている人は、慣れていない人です。

展覧会で、「あそこにこんなのがあったね。あれはすごいな。どうやって描くんだろうな」という話ができる人は、ピューッと歩いている人です。

これが脳科学の不思議なところです。

**脳は、行動を速くしたほうが、集中力や注意力が深くなるのです。**

社長になる人は、せっかちな人が多いです。

だから、経営者になれるのです。

一番気づけるからです。

ディズニーランドには、いろいろなところから見学に来ます。

「ディズニーランドから何かを学ばなければいけない」とのんびり歩いている人は、何も気づきません。

早足で歩いたほうが見つかるのです。

経営者は見学が大好きです。

居酒屋さんは今、出店競争をしています。

繁華街に行ってあれこれ見学している経営者は、早足なのに、「このボウリング場の1階の駐車場をうまいこと借りられたら居酒屋にできる」「ここの地下は家賃が安そうだから、これはいけそうだ」と、盲点になっているところをどんどん見つけるのです。

軍隊の将校で、歩くのが遅い人はありえません。

軍隊の将校は必ず先頭を歩いています。
みんなが気を使って後ろを歩いているのではありません。
上の士官であればあるほど、歩くのが速いのです。

## 64 歩くスピードを、速くする。

# 65

# サービスは、お客様とのスピード競争だ。

メーカーも含めて、すべての仕事がサービス業です。

接客業だけがサービス業ではありません。

納期やお客様のニーズにこたえる、末端のお客様からニーズを引き出すという意味において、メーカーもサービス業です。

21世紀には、サービスと関係ない企業は1つもないのです。

お客様とのスピード競争が、サービスです。

お客様が自分でやったほうが早かったら、サービスではないのです。

**お客様の意識より早いことが大切です。**

お客様が「こうしてほしい」と気がついた

ら、負けです。

「ちょうどこれが欲しかった。なんでわかったの」ということができて初めて、サービスと言えるのです。

「すみません、お水ください」と言われてから持っていくのは、サービスではありません。

お客様が薬を出していたら、お白湯《さゆ》を持ってきて「どうぞ」と出すのがサービスです。

これは頼まれてやっているわけではありません。

ひどいところでは、「すみません、薬を飲みたいんで」と言うと、「はい」と言って何もしてくれません。

「薬を飲みたいんで」でわからないのかと思います。

「お水ください」と言うと、氷を入れて持ってきます。

お水には氷を入れるのがサービスだと思っているのです。

薬を飲むのに氷は要らないのです。

サービスができるところは、お客様が薬袋から薬を出して並べ始めたら、頼まれなくてもお白湯を持っていきます。

お客様とのスピード競争が、サービスです。
遅いサービスは、「サービス」とは呼べません。
お客様に頼まれてからでは遅いのです。

## 65 お客様のスピードに負けない。

66

# 情報を、ひとり占めしない。

ディズニーランドには、年間7000件のクレームが届きます。

クレームのほとんどは、冒頭が「前に来た時は」です。

「前に来た時は、写真を撮ってくれたお兄ちゃんが、クルリンパとカメラを返してくれてうれしかった。今回、普通に返されてがっかりした」というクレームが来ます。

クルリンパと返したのは、そのお兄ちゃんが勝手にやったアドリブです。

たまたまうまくいったことは、みんなでどんどん共有していきます。

共有のスピードを上げていくことが大切です。

ひとり占めをしてはいけません。

クレームが来た時に「ほかのみんなへの示しがつかないから、やめなさい」と言うのは、お客様のニーズに逆行していることになります。

誰かがやってたまたまうまくいったことを、いかに掘り出すかです。

クレームはチャンスです。

逃げたら反射力はなくなります。

クレームと正面から向かい合うことで、反射力がついてくるのです。

月は自分で光っているわけではありません。

太陽の光を受けて光っています。

同じように、最もキラキラするのは、お客様の光を受けた時です。

クレームを言うお客様に正面から向かっていくことで、スピードが上がります。

背中を向けたら、絶対にスピードは落ちます。

ディズニーランドですら、年間７０００件のクレームと日々戦っているのです。

彼らには、もはやお手本がありません。
本場のアメリカよりも、日本のほうがはるかにサービスがいいのです。

## 66
## 情報を、共有する。

67

# 悩むより、行動に時間をかける。

最も時間をとられるのは、悩んでいる時間です。
悩む時間を行動する時間に切りかえることで、反射力はついてきます。
リーダーは、悩むことに時間をかけては絶対にいけません。
悩む時間ではなく行動に時間をかけるのがリーダーです。
**反射力のある人とない人は、体験の量が圧倒的に違うのです。**
**体験の量の多い人は反射力があります。**
「体験」の反対語は「知識」です。
どんなに知識があっても、体験した人にはかないません。
知識では生き残れないのです。
いつもと同じことをやっていたら、体験はゼロです。
**いつもと違うことをするのが体験です。**
トライしていることが体験です。

毎日同じことをやって生きているだけでは、体験にはならないのです。
人間は、ほうっておいたら、いつもと同じことをやってしまいます。
いつもと同じことをやっている人は、永遠にいつもと同じことをやります。
一方、毎日新しいことをやっている人は、毎日新しいことをやります。
この2通りの流れに分かれるのです。
これは慣性の法則です。
昨日を変えた人は、今日も明日も変えていけるのです。

## 67 悩む前にする。

## 主な著書

【ダイヤモンド社】
『なぜあの人の話に納得してしまうのか[新版]』
『なぜあの人は勉強が続くのか』
『なぜあの人は仕事ができるのか』
『なぜあの人は整理がうまいのか』
『なぜあの人はいつもやる気があるのか』
『なぜあのリーダーに人はついていくのか』
『なぜあの人は人前で話すのがうまいのか』
『プラス1%の企画力』
『こんな上司に叱られたい。』
『フォローの達人』
『女性に尊敬されるリーダーが、成功する。』
『就活時代しなければならない50のこと』
『お客様を育てるサービス』
『あの人の下なら、「やる気」が出る。』
『なくてはならない人になる』
『人のために何ができるか』
『キャパのある人が、成功する。』
『時間をプレゼントする人が、成功する。』
『会議をなくせば、速くなる。』
『ターニングポイントに立つ君に』
『空気を読める人が、成功する。』
『整理力を高める50の方法』
『迷いを断ち切る50の方法』
『初対面で好かれる60の話し方』
『運が開ける接客術』
『バランス力のある人が、成功する。』
『映画力のある人が、成功する。』
『逆転力を高める50の方法』
『40代でしなければならない50のこと』
『最初の3年その他大勢から抜け出す50の方法』
『ドタン場に強くなる50の方法』
『いい質問は、人を動かす。』
『アイデアが止まらなくなる50の方法』
『メンタル力で逆転する50の方法』
『君はこのままでは終わらない』
『30歳までに成功する50の方法』
『なぜあの人はお金持ちになるのか』
『成功する人の話し方』
『超高速右脳読書法』
『なぜあの人は壁を突破できるのか』
『自分力を高めるヒント』
『なぜあの人はストレスに強いのか』
『なぜあの人は落ち込まないのか』
『なぜあの人は仕事が速いのか』
『スピード問題解決』
『スピード危機管理』
『スピード決断術』
『スピード情報術』
『スピード顧客満足』
『一流の勉強術』
『スピード意識改革』
『アメリカ人にはできない技術　日本人だからできる技術』
『お客様のファンになろう』
『成功するためにしなければならない80のこと』
『大人のスピード時間術』
『成功の方程式』
『なぜあの人は問題解決がうまいのか』
『しびれる仕事をしよう』
『「アホ」になれる人が成功する』
『しびれるサービス』
『ネットで勝つ』
『大人のスピード説得術』
『お客様に学ぶサービス勉強法』
『eに賭ける』
『大人のスピード仕事術』
『スピード人脈術』
『スピードサービス』
『スピード成功の方程式』
『スピードリーダーシップ』
『大人のスピード勉強法』
『一日に24時間もあるじゃないか』
『もう「できません」とは言わない』
『出会いにひとつのムダもない』
『お客様がお客様を連れて来る』
『お客様にしなければならない50のこと』
『30代でしなければならない50のこと』
『20代でしなければならない50のこと』
『なぜあの人の話に納得してしまうのか』
『なぜあの人は気がきくのか』
『なぜあの人は困った人とつきあえるのか』
『なぜあの人はお客さんに好かれるのか』
『なぜあの人はいつも元気なのか』
『なぜあの人は時間を創り出せるのか』
『なぜあの人は運が強いのか』
『なぜあの人にまた会いたくなるのか』
『なぜあの人はプレッシャーに強いのか』

【ファーストプレス】
『「超一流」の会話術』
『「超一流」の分析力』
『「超一流」の構想術』
『「超一流」の整理術』
『「超一流」の時間術』
『「超一流」の行動術』
『「超一流」の勉強法』
『「超一流」の仕事術』

【PHP研究所】
『【図解】仕事ができる人の時間の使い方』
『仕事の極め方』
『【図解】「できる人」のスピード整理術』
『【図解】「できる人」の時間活用ノート』

【PHP文庫】
『中谷彰宏　仕事を熱くする言葉』
『スピード整理術』
『入社3年目までに勝負がつく77の法則』

【三笠書房】
『【最強版】あなたのお客さんになりたい!』

【三笠書房・知的生きかた文庫/王様文庫】
『お金で苦労する人しない人』

【オータパブリケイションズ】
『せつないサービスを、胸きゅんサービスに変える』
『ホテルのとんがりマーケティング』
『レストラン王になろう2』
『改革王になろう』
『サービス王になろう2』
『サービス刑事』

【ビジネス社】
『あなたを成功に導く「表情力」』
『幸せな大金持ち　不幸せな小金持ち』
『右脳でオンリーワンになる50の方法』
『技術の鉄人　現場の達人』
『情報王』
『昨日と違う自分になる「学習力」』

【ぜんにち出版】
『富裕層ビジネス　成功の秘訣』
『リーダーの条件』

『大きな差がつく小さなお金』(日本文芸社)
『人生を変える 自分ブランド塾』(成美文庫)
『伝説のホストに学ぶ82の成功法則』(総合法令出版)
『成功する人の一見、運に見える小さな工夫』(ゴマブックス)
『転職先はわたしの会社』(サンクチュアリ出版)
マンガ版『ここまでは誰でもやる』(たちばな出版)
『人を動かすコトバ』(実業之日本社)
『あと「ひとこと」の英会話』(DHC)
『オンリーワンになる仕事術』(KKベストセラーズ)
『子どもの一生を決める46の言葉のプレゼント』(リヨン社)

# 「反射力」早く失敗してうまくいく人の習慣

2011年8月23日　1版1刷
2011年9月13日　　2刷

著　者―――――中谷彰宏


発行者―――――斎田久夫
発行所―――――日本経済新聞出版社
http://www.nikkeibook.com/
東京都千代田大手町1-3-7　〒100-8066
電話（03）3270-0251（代）

ブックデザイン―松好那名（matt's work）
印刷所
製本所―――――三松堂

ISBN978-4-532-31721-8

**中谷彰宏**（なかたに・あきひろ）

1959年、大阪府生まれ。早稲田大学第一文学部演劇科卒。博報堂で８年間ＣＭプランナーの後、株式会社中谷彰宏事務所設立。

---

**感想など、あなたからのお手紙お待ちしています。**
**僕は、本気で読みます。（中谷彰宏）**

〒100-8066　東京都千代田区大手町1-3-7
日本経済新聞出版社シニアエディター室気付　中谷彰宏　行
※食品、現金、切手などの同封は、ご遠慮ください（シニアエディター室）